C·R·K design

毛糸やフェルトなど温かな素材が活やくする季節。
お月見など、行事に合わせた手作りにもチャレンジ!

理論社

もくじ contents

HANDICRAFTS IDEA BOOK FOR KIDS

初級 切る+貼るで作るもの

中級 切る+貼る+道具で作るもの

まずは、切ったり貼ったりするだけの「初級」に挑戦してみよう。なれてきたら道具を使う「中級」、そして最後に針を使って「ぬう」技などが入った「上級」にチャレンジして！

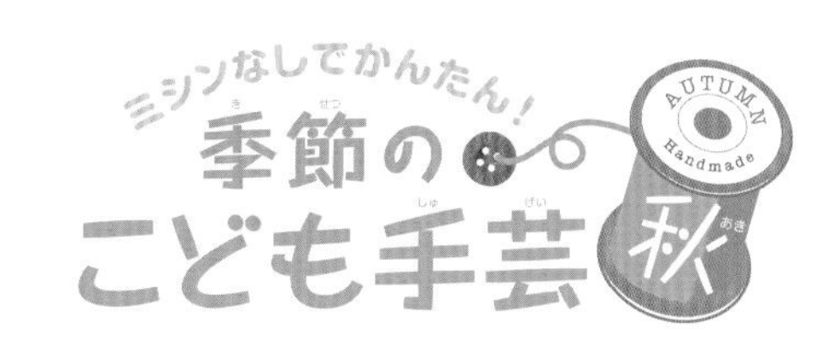

上級 切る+貼る+ぬう・織るで作るもの ★Handicrafts★

上級 切る+貼る+ぬう・織るで作るもの

秋の暮らしを楽しもう！

秋になると、空が澄んで星や月がきれいに見えるようになります。木は紅葉し、足もとは落ち葉でいっぱいに。そんな変化を感じながら、季節の手作りを楽しんでみてね。

9月 長月

「長月」は、秋になると日が短くなり、夜が日ごとに長くなることから「夜長月」、または、月が長く見られる月との説も。9月半ばから10月初めごろ、お月見の行事が行われます。

10月 神無月

10月は日本中の神様が出雲大社に集まり、ほかの地域では神様がいないので「神無月」との説が有名です。作物が実り、秋が次第に深まります。温かな素材が活やくし始める時季です。

11月 霜月

「霜月」は霜が降りる季節であることに由来するといわれます。木々は葉を落とし、動物たちは冬ごもりの準備。落ち葉やどんぐりがモチーフの手作りで、移り変わる季節を楽しんで。

モールで作る ビーズアクセサリー

三つ編みモールにビーズをプラスして、おしゃれなアクセサリーに。
ビーズを通す位置や間かくを工夫して、いろいろなデザインにアレンジ！

design:Kumiko Suzuki

用意するもの

★テープの代わりに、クリップボードなどで固定してもOK。

★モールはそれぞれ3色を使用。カラフルにしたり、同系色でまとめても。ビーズとの色合わせを考えるのも楽しいよ！

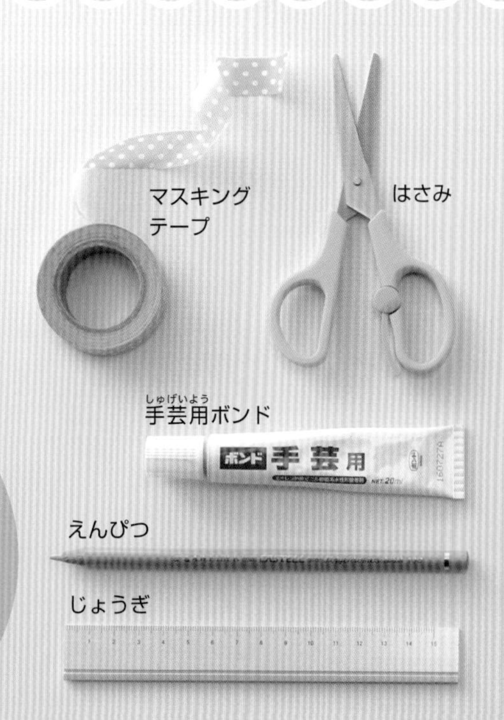

Start! きほんのブレスレットの作り方

1 三つ編みを作る

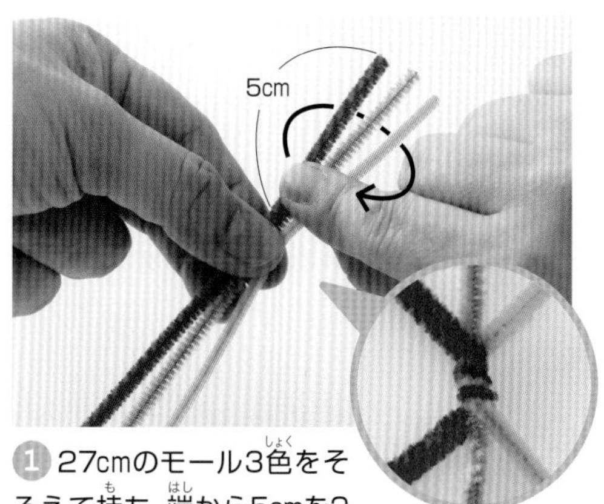

❶ 27cmのモール3色をそろえて持ち、端から5cmを2～3回ねじってまとめる。

❷ 平らなところに置き、ねじった部分をテープでとめて、しっかり固定する。

❸ 中央のモール（ここでは紫）にビーズ1個を通してねじった部分に寄せ、三つ編みをする。

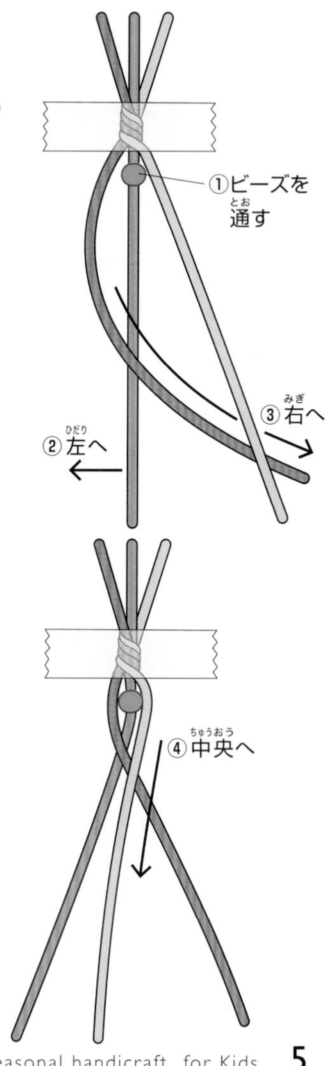

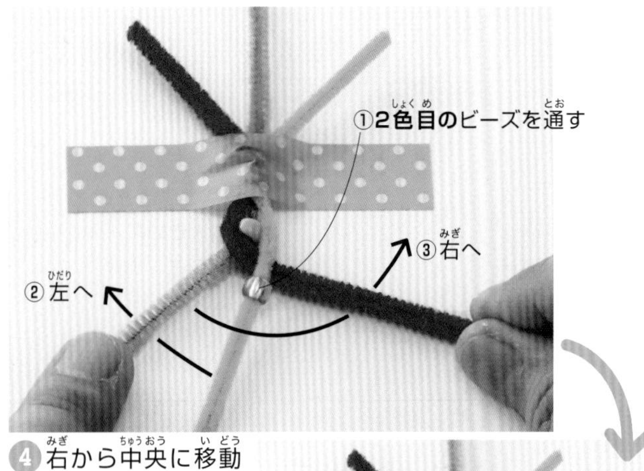

④右から中央に移動したモール(ここでは青)に2色目のビーズを通し、三つ編み。これをくり返し、残りが5cmになるまで編む。

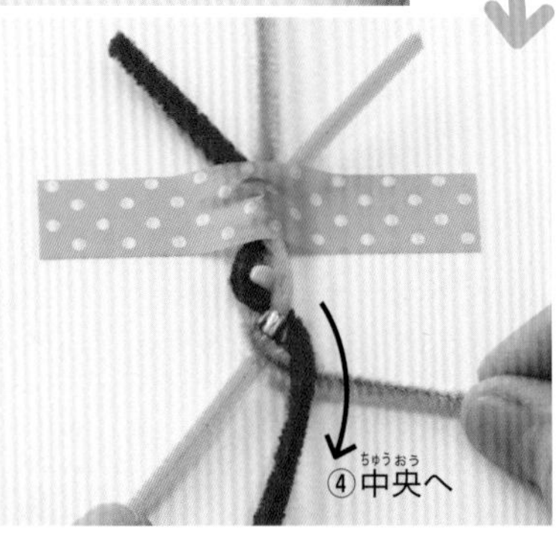

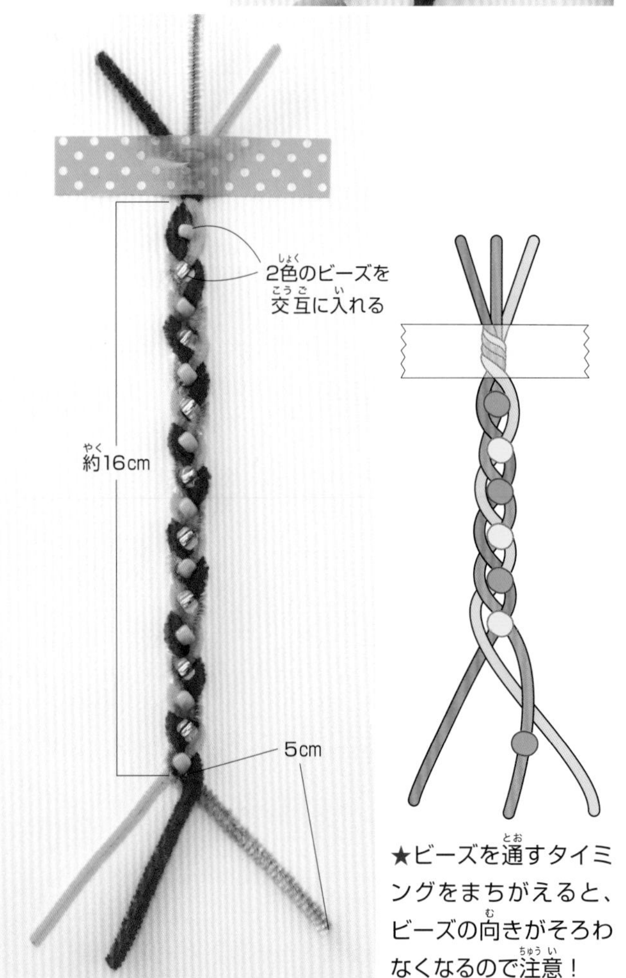

★ビーズを通すタイミングをまちがえると、ビーズの向きがそろわなくなるので注意！

2 とめ具用のボタンをつける

①編み終わりを2回ねじってとめる。

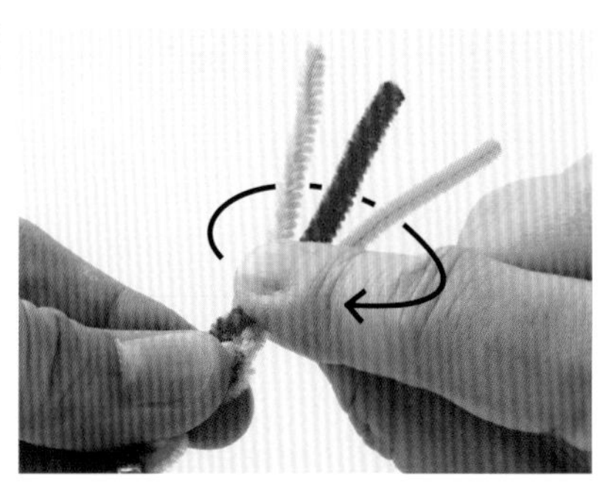

②中央のモールをボタンの穴に通す。

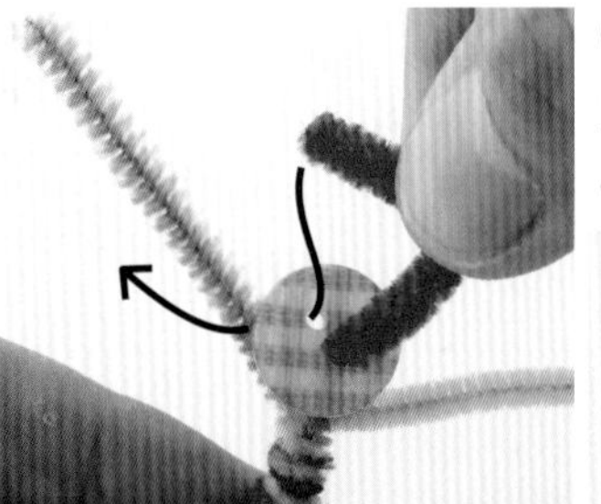

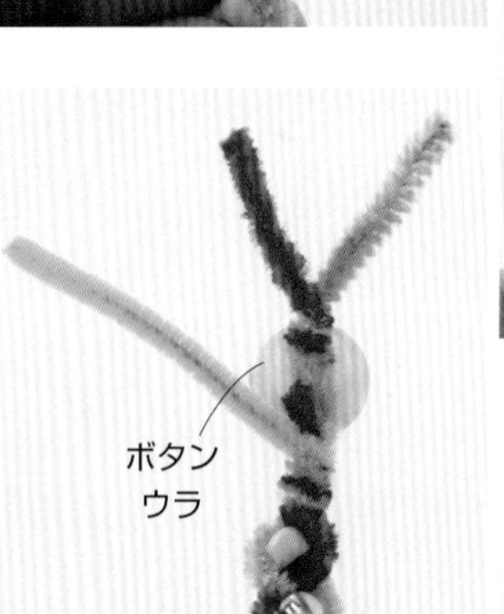

③2本を2～3回ねじり合わせる。

④ねじり合わせた2本を折って、ねじった部分に端を重ね、残りの1本をぐるぐるまきつける。

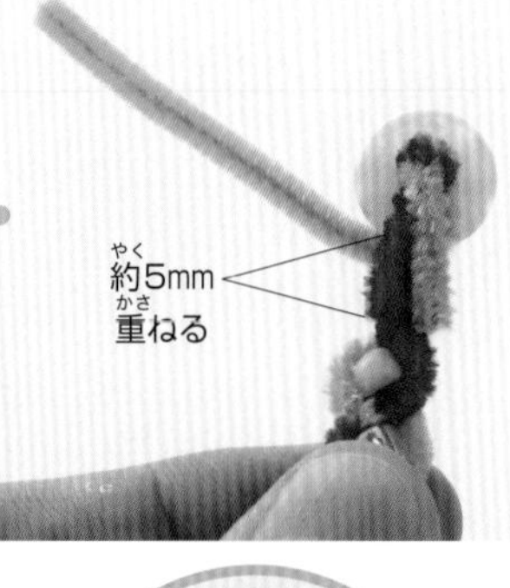

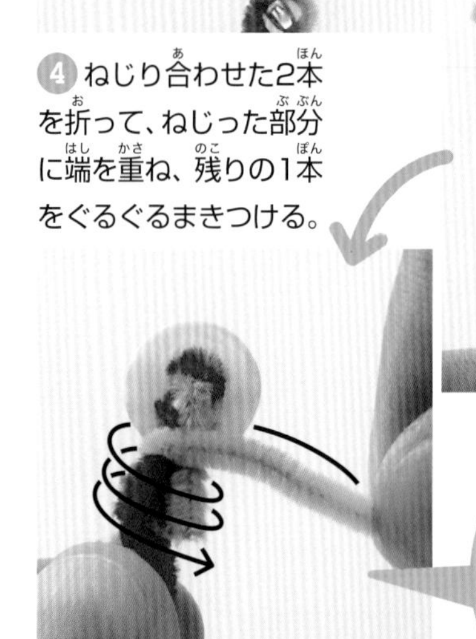

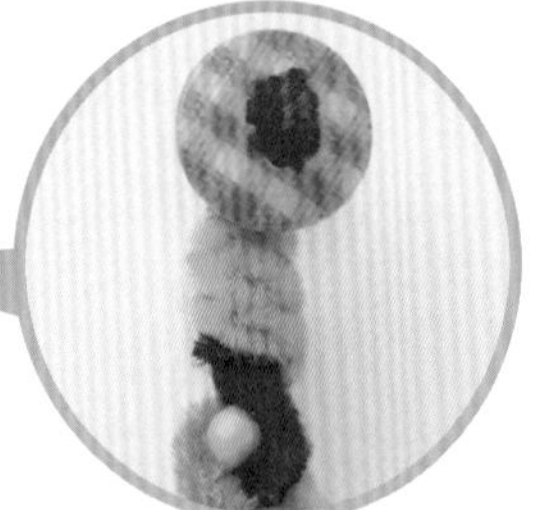

3 ボタン通しの輪を作る

① 編み始め側のモールのうち、2本をねじり合わせる。

② ねじり合わせた2本で輪を作り、ねじった部分に端を重ね、残りの1本をぐるぐるまきつける。

アレンジ

きほんと同じ作り方。同系色でまとめても、少し大きめのカラフルなビーズを使ってもステキ！

8mm・10mmのビーズを使い、ビーズを通さない三つ編みを入れてスッキリしたデザインに。

お気に入りのボタンやパーツをアクセントに。 ビーズは左右のモールに通します。

Start! フラワーリングの作り方

1 リング部分を作る

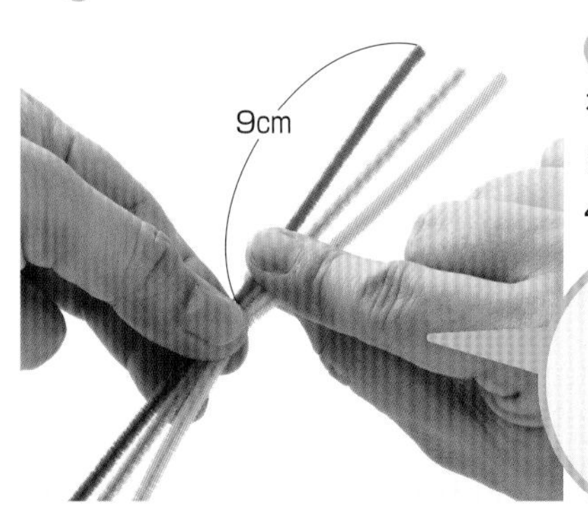

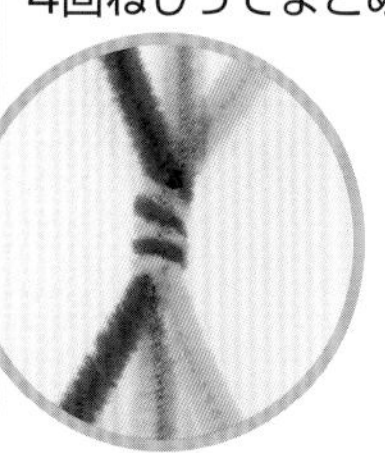

❶ 27cmのモール3色をそろえて持ち、端から9cmのところを3～4回ねじってまとめる。

❷ 平らなところに置いて、ねじった部分をテープでとめ、約5cmの長さに三つ編みする。

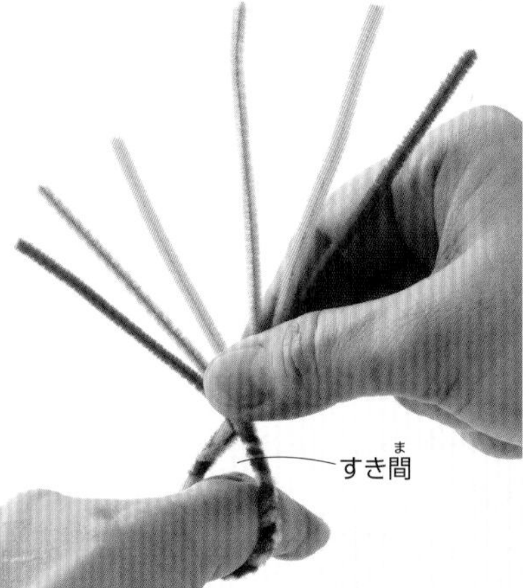

❸ 三つ編み部分を輪にして指を通し、大きさをたしかめる。

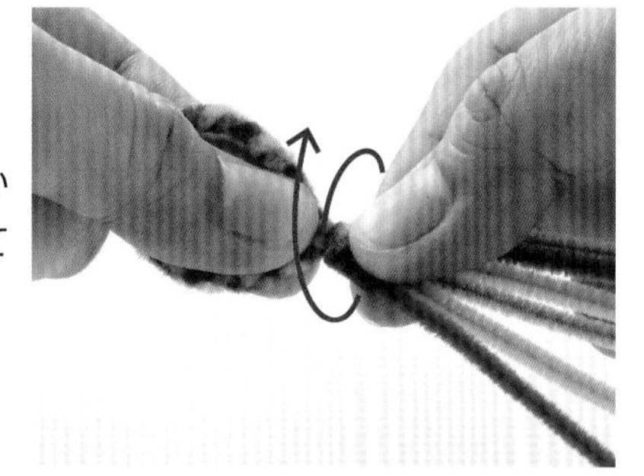

❹ 輪の根元をしっかり押さえ、2回ねじってとめる。

2 えんぴつを型にして花びらを作る

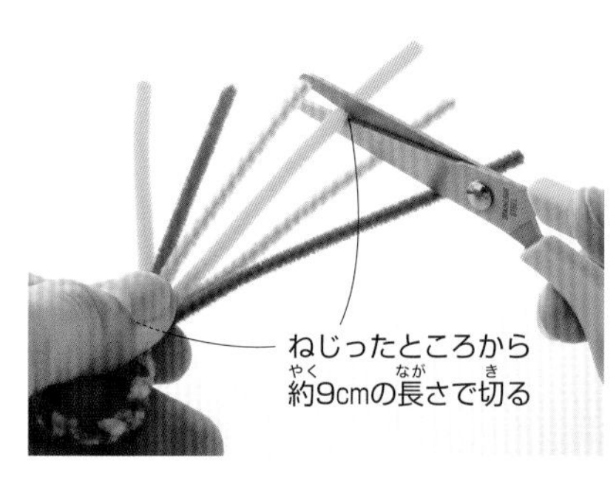

❶ モールの端を、同じ長さに切りそろえて、写真のように同じ間かくに開く。

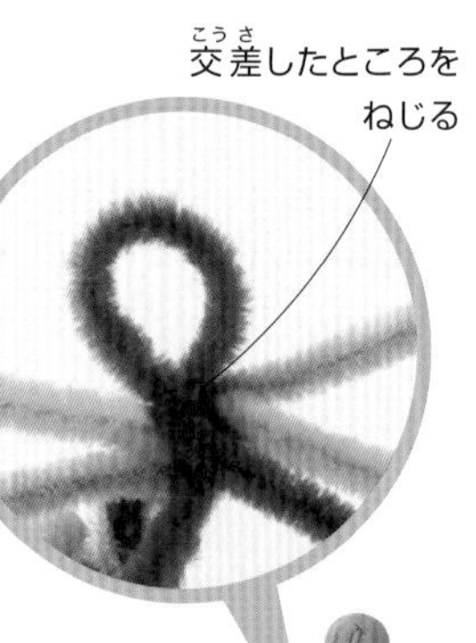

❷ えんぴつにモールを引っかけて、しずく形にする。交差したところを2回ねじって輪を作り、花びら1枚の完成。

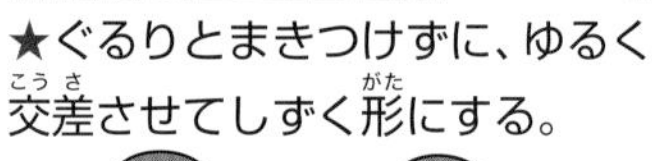

★ぐるりとまきつけずに、ゆるく交差させてしずく形にする。

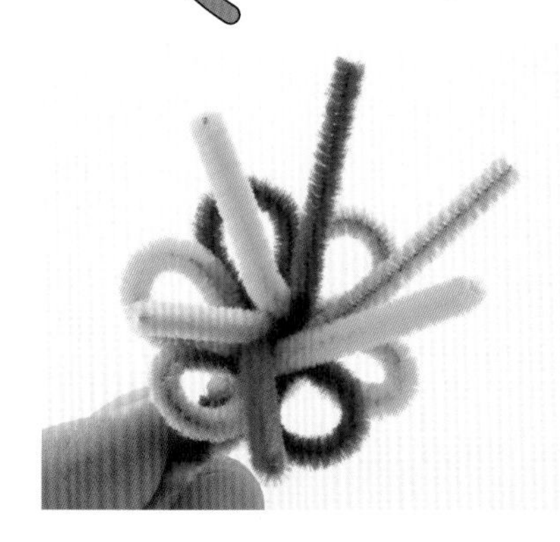

❸ 同じようにして、計6枚の花びらを作る。
★残ったモールの端は、同じ間かくに開いておく。

3 特大ビーズを通しておしべを作る

① モールの中央にビーズを1個通し、半分に折る。
★先端にビーズがつくよ！

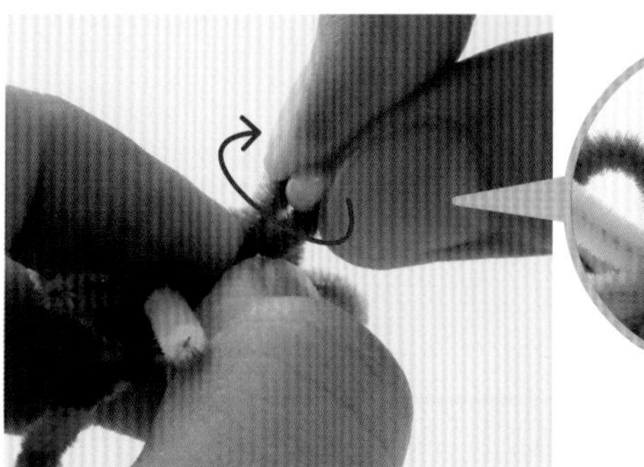

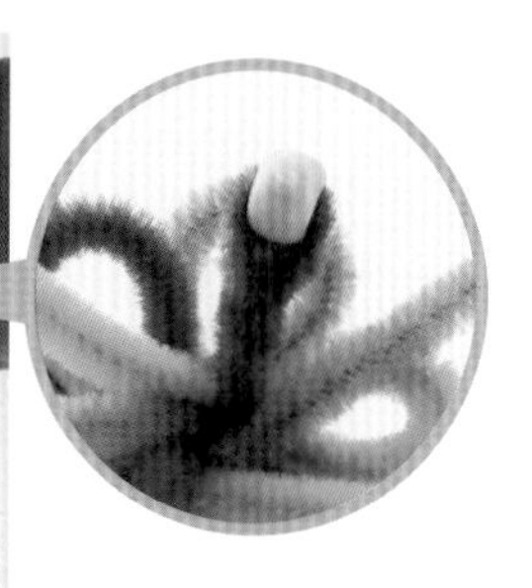

② 根元をしっかり押さえて2～3回ねじり、さらにビーズをつまんで2～3回ねじる。おしべ1本の完成。

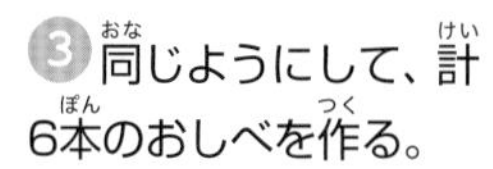

③ 同じようにして、計6本のおしべを作る。

4 パールのめしべを貼る

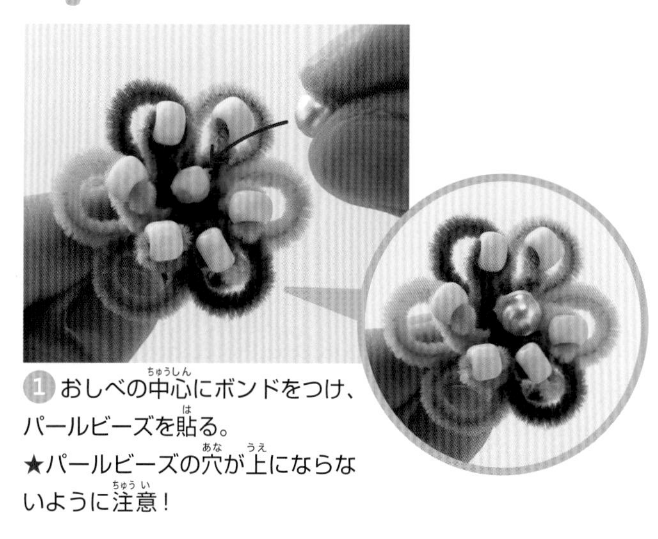

① おしべの中心にボンドをつけ、パールビーズを貼る。
★パールビーズの穴が上にならないように注意！

② おしべを閉じるようにつまんで、形を整える。

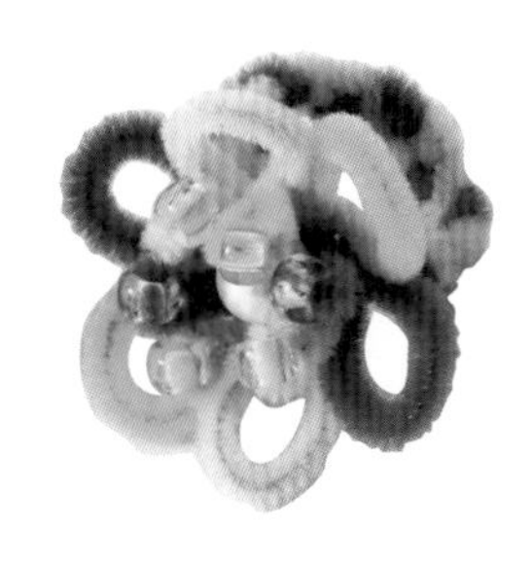

ねんどで作る たい焼きマグネット

ねんどに絵の具を混ぜて色をつけ、皮とあんこを作ります。こんがりと焼き色をぬって本物そっくりに。敬老の日のプレゼントにもおすすめ。

季節のマメ知識 敬老の日

9月の第3月曜日は敬老の日。おじいちゃんやおばあちゃんに感謝の気持ちを伝え、長寿を祝ったり贈りものをしたりします。

design:Takako Koizumi

用意するもの

ねんどは袋を開けたら、空気にふれないように保存してね！着色したねんどは、ラップフィルムにくるんで、ビニール袋に。すぐに使う場合は、ぬらしたキッチンペーパーにくるんでおくと、乾かないよ。

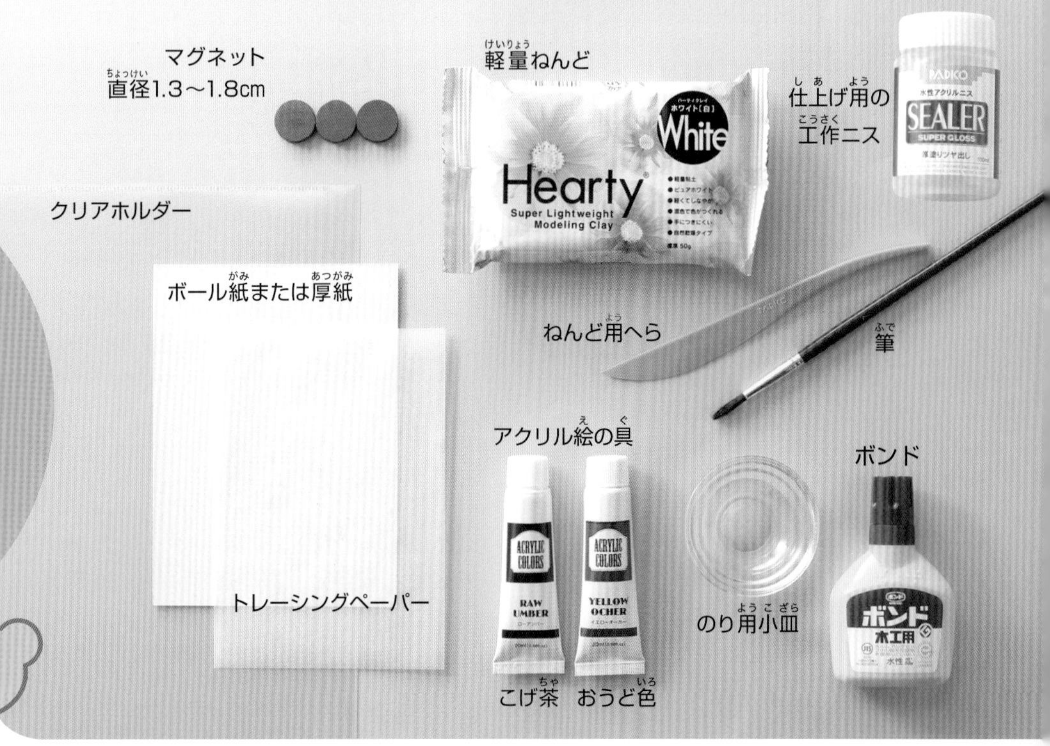

Start! たい焼きマグネットの作り方

1 型紙を作る

❶ 型紙にトレーシングペーパーを重ね、えんぴつやボールペンでなぞって写す。
★トレーシングペーパーの代わりに、図案がすけて見えるうすい紙に写してもOK。

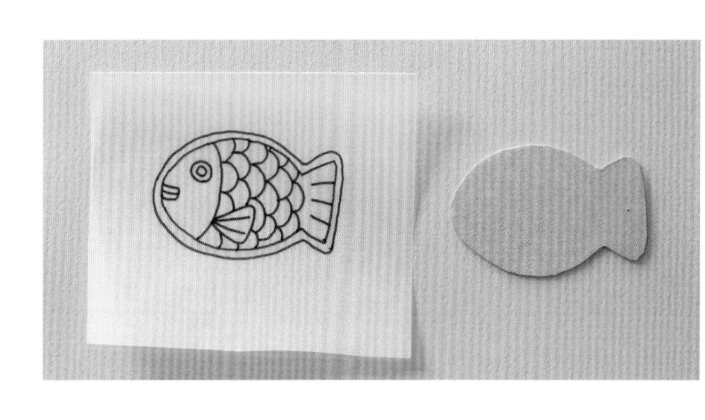

❷ ボール紙に図案を写したトレーシングペーパーを重ね、ボールペンでりんかく線だけを強くなぞる。

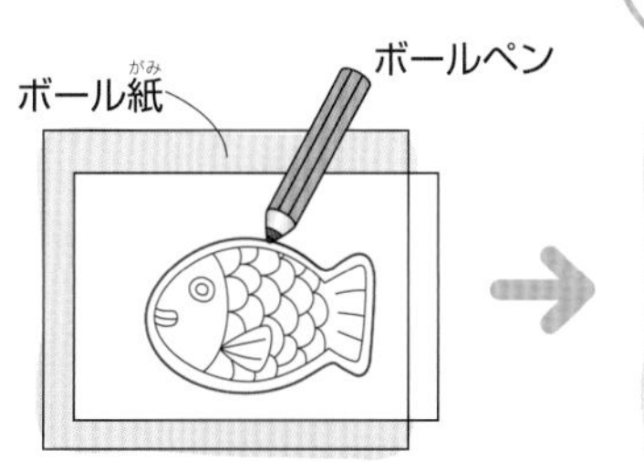

❸ ボールペンのあとにそって、ボール紙を切る。

実物大図案

ボール紙に写すのは太いりんかく線だけ

2 ねんどに色をつける

① 軽量ねんどを約10g取り、アクリル絵の具(おうど色)をつける。
★絵の具は、チューブから直接ねんどに1～2滴ずつつけていく。

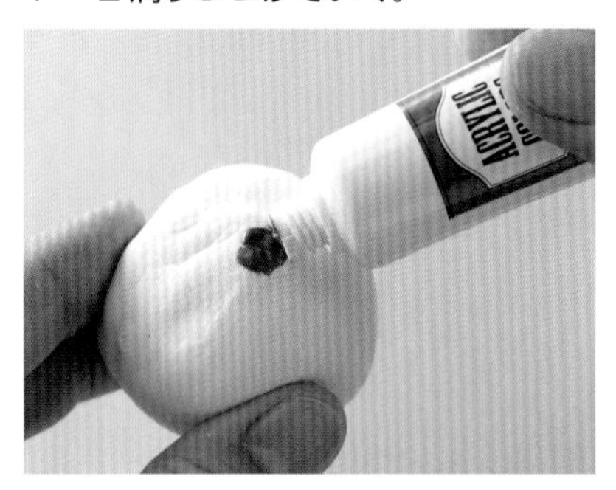

② 絵の具にかぶせるようにねんどを折りたたみ、親指でしっかりもみこむように、混ぜ合わせる。
★ムラにならないように、よく混ぜる。

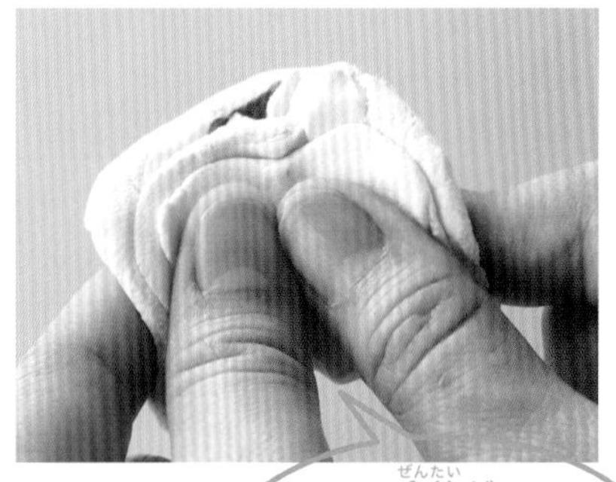

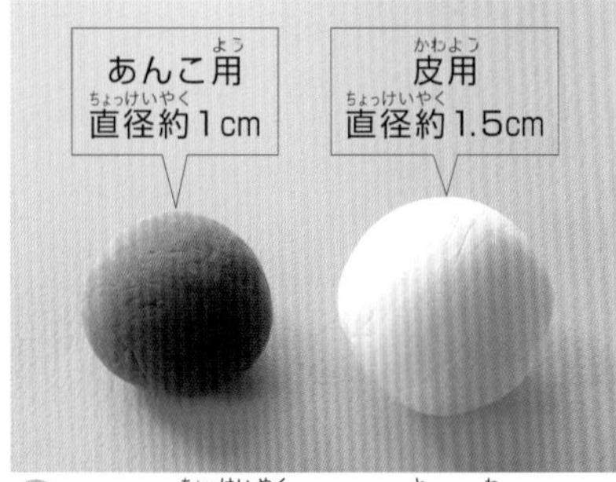

③ ②から直径約1cmを取り分け、こげ茶を混ぜて、あんこの色を作る。

3 たい焼きの皮を作る

① 皮用のねんどをクリアホルダーにはさんで、手のひらで平らに押しつぶす。

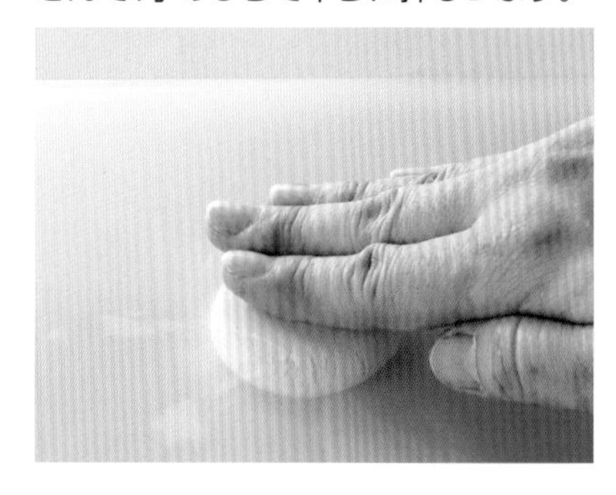

② コップなど円柱形のものをコロコロころがし、3㎜くらいの厚さにのばす。

③ クリアホルダーからねんどを取り出し、型紙を重ねる。型紙にそってねんどベラで切り抜く。
★２枚分切り取る。

4 あんこをはさんで形づくる

① あんこ用のねんどを細長くのばす。型紙にのせて、大きさと形を確認する。

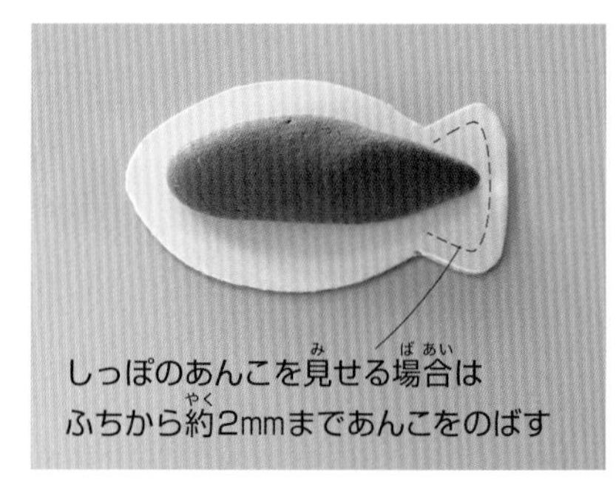

② 切りぬいた皮２枚であんこをはさみ、周囲をつまんで接着する。

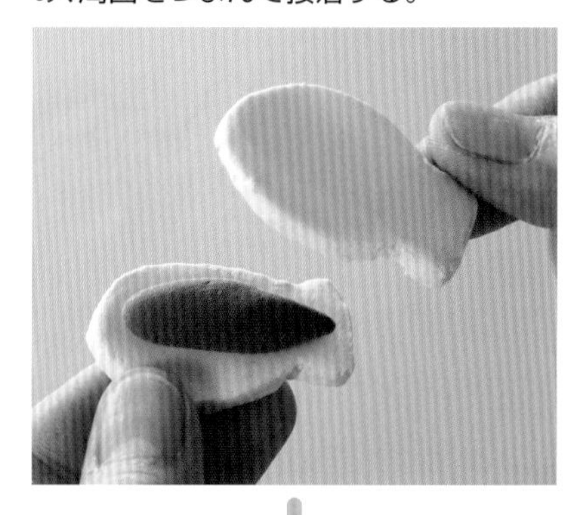

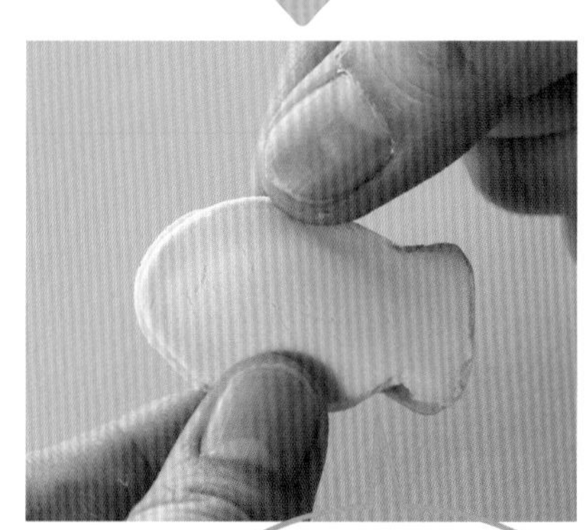

あんこで
おなかがふくらむよ！
つぶさないように
注意してね

5 もようをつける

図案を参考に、オモテにねんど用ヘラでもようを描く。

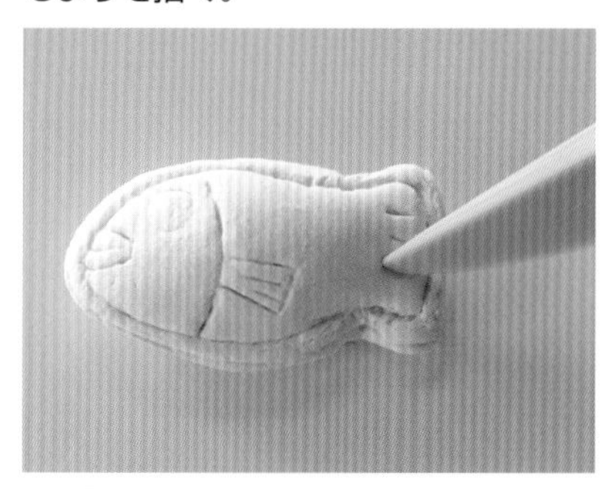

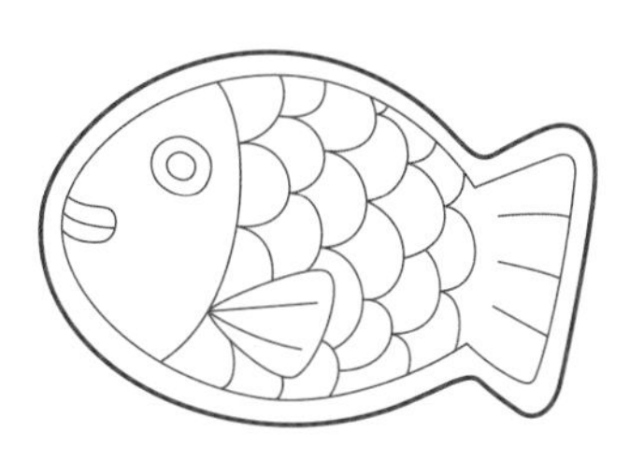

★うろこもようは、シャープペンシルのキャップなど、直径 5mm くらいの筒をななめにおし当てると、均等に書けるよ！

6 マグネットをつける

ねんどが生乾きのうちに、マグネットにボンドをつけ、たいやきのウラに貼る。

7 焼き色をつける

ねんどやボンドが乾いたら、アクリル絵の具（おうど色）をぬり、全体に焼き色をつける。
★乾いたら、ふちに重ねてぬり、少しこい焼き色をつける。

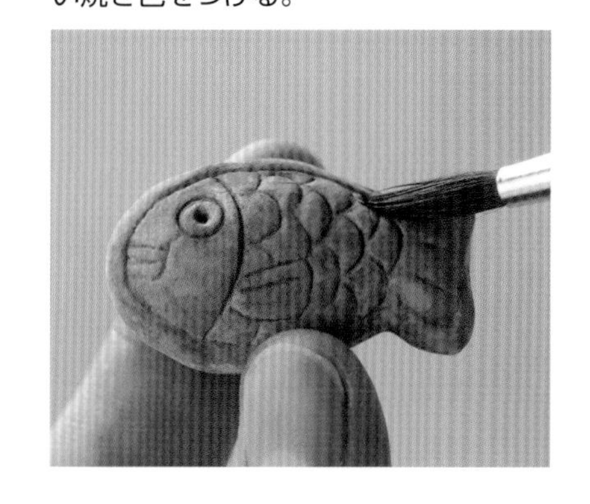

ひと口かじった たい焼き

食べちゃった！

ねんど用ヘラので、しっぽの端を少しずつけずり、あんこを見せる。
★切り口をギザギザにすると、かじったようになるよ！

8 仕上げのニスをぬる

全体に、工作用（ねんど用）のつや消し水性ニスをぬり、しっかり乾かす。

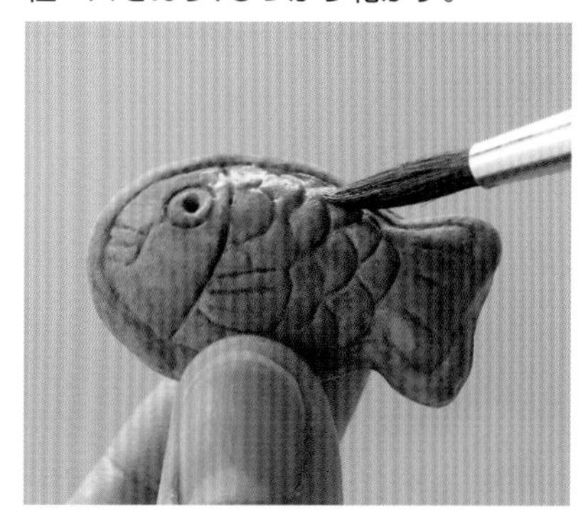

紙袋で作る 動物ペーパーバッグ

カラフルな柄の折り紙で耳やしっぽを作り、シンプルな紙袋にペタッと貼って、リスやキツネのペーパーバッグに。目は、穴開けパンチを使えばカンタン！

季節のマメ知識

動物たちの冬支度

寒い時季に冬ごもりをするリスなどの動物は、秋を迎えると、準備に大忙し。寝床にしく落ち葉を集めたり、どんぐりなどの食料を集めて、たくわえたりします。

 design:Kumiko Suzuki

用意するもの

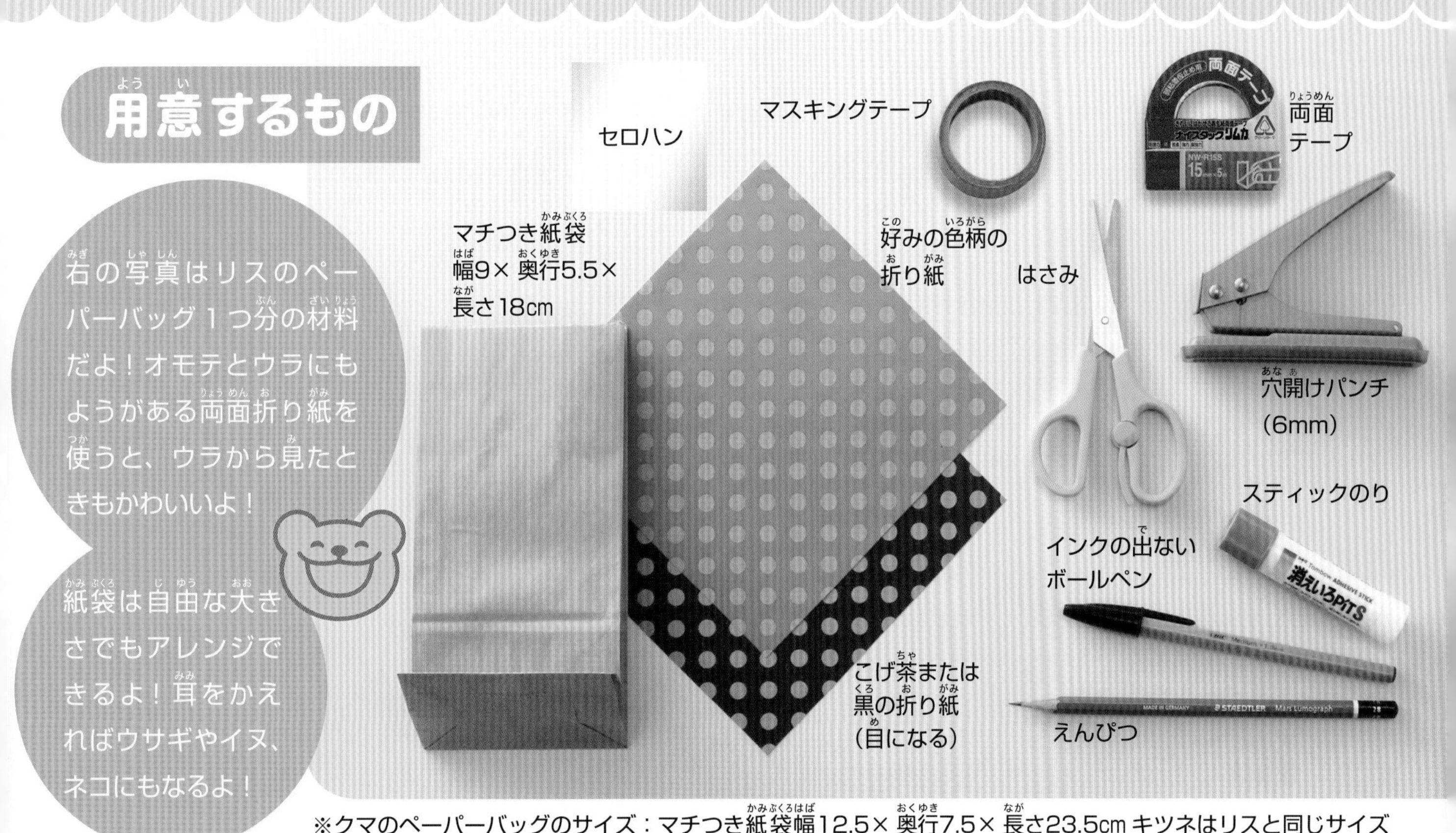

右の写真はリスのペーパーバッグ１つ分の材料だよ！オモテとウラにもようがある両面折り紙を使うと、ウラから見たときもかわいいよ！

紙袋は自由な大きさでもアレンジできるよ！耳をかえればウサギやイヌ、ネコにもなるよ！

※クマのペーパーバッグのサイズ：マチつき紙袋幅12.5× 奥行7.5× 長さ23.5cm キツネはリスと同じサイズ

Start! リスのペーパーバッグの作り方

1 折り紙に型紙を写す

① 型紙をコピー機で拡大し、ウラ側から線の部分をえんぴつでぬる。
★2B 以上のやわらかいえんぴつがオススメ！

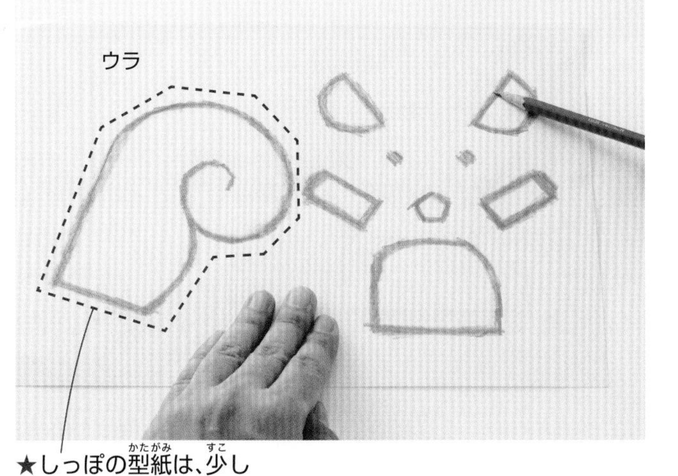

★しっぽの型紙は、少し大きめに切っておく。

② 折り紙のウラに型紙を重ね、テープでとめる。ボールペンでなぞると、えんぴつのこながついて、型紙が写る。

★型紙の上に、セロハンを重ねてなぞると、型紙がきずつかず、何度も使えるよ！

★鼻は、もようが中心に来るようにすると、カワイイ！

2 折り紙を切る

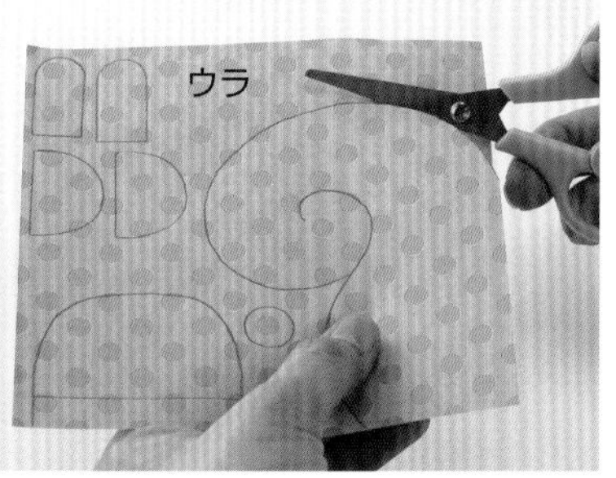

① 写した線にそって切り、耳や手、しっぽのパーツなどを作る。

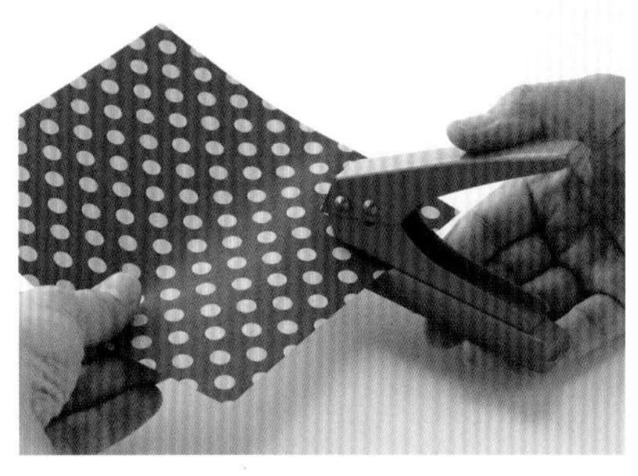

② 穴開けパンチで、直径6mmの目のパーツを切り抜く(2枚)。
★もようつきの折り紙の場合は、黒やこげ茶色の部分をぬく。

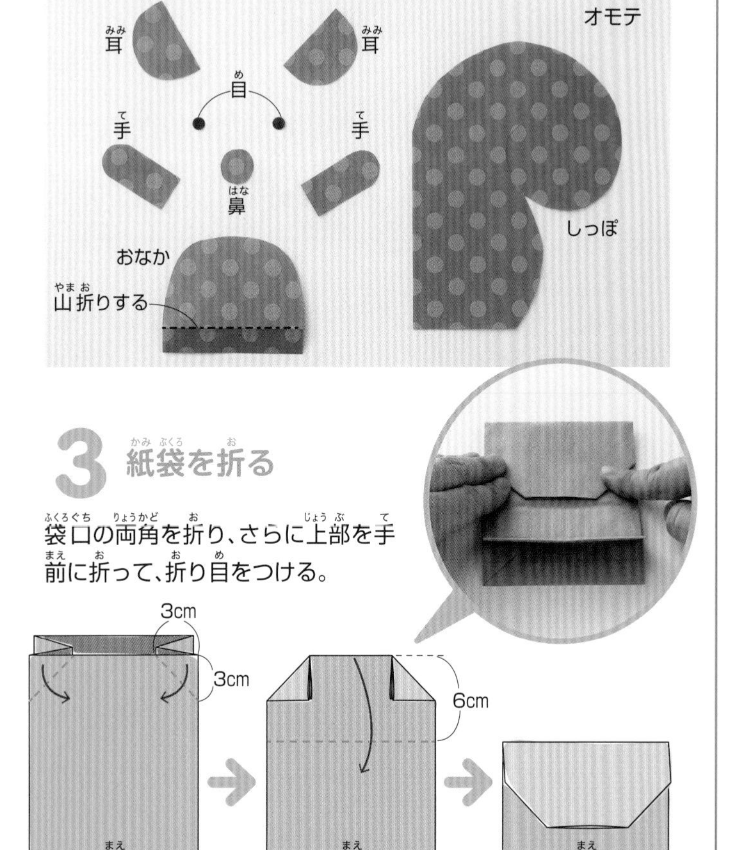

3 紙袋を折る

袋口の両角を折り、さらに上部を手前に折って、折り目をつける。

3cm
3cm
6cm
前
前
前

4 耳・手・おなかのパーツを貼る

① 型紙に折ったふくろを重ね合わせ、マスキングテープなどでかりどめする。

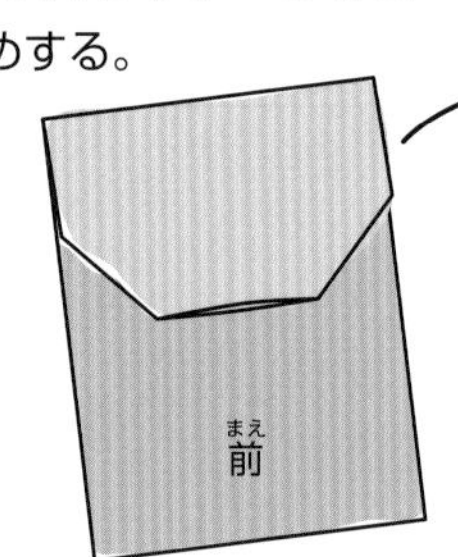

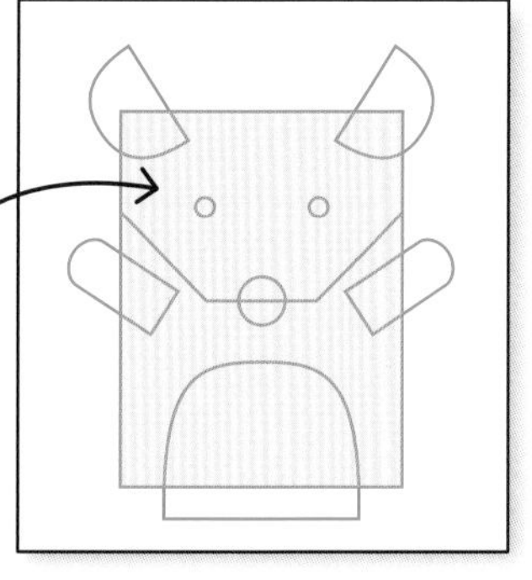

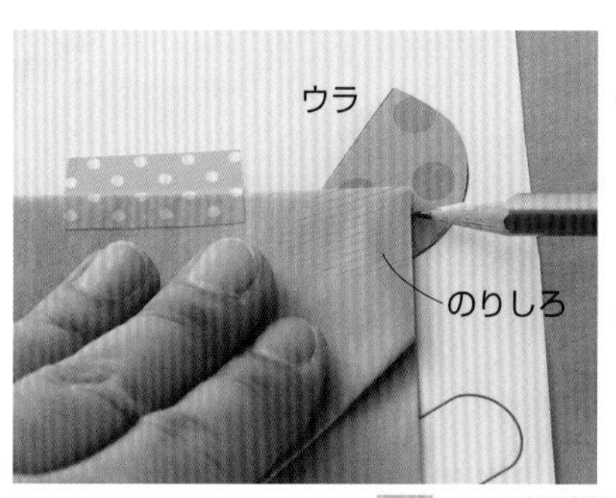

② 耳のウラを上にして型紙に合わせる。えんぴつでのりしろの印をつけ、のりをつける。

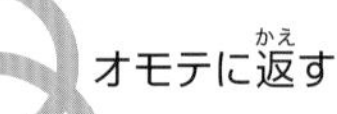

オモテ

③ 耳のオモテを上にして、反対側の耳位置に貼る。

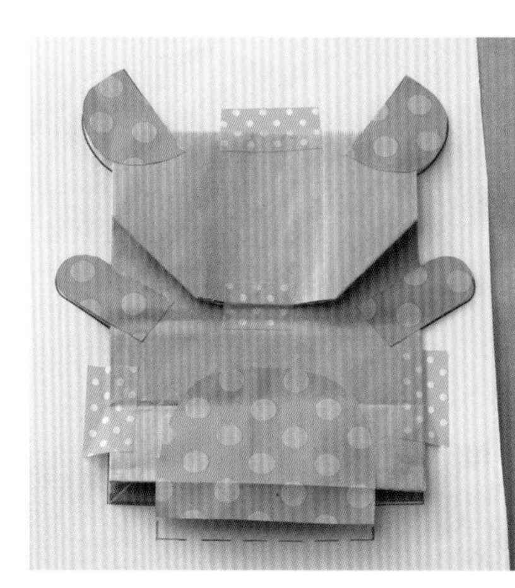

④ 同じように手を貼る。

⑤ 袋前の中央におなかを貼る。
★下端は底に折りこんで貼る。

5 目を貼る

穴開けパンチでぬいた目を、折り返し部分にバランスよく貼る。
★小さいパーツはピンセットを使うと貼りやすいよ！

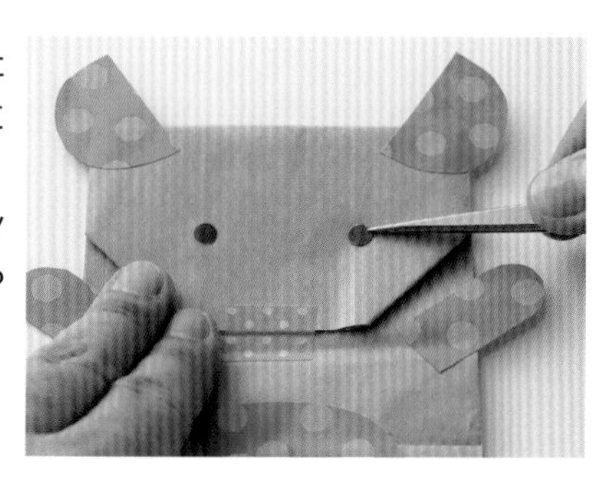

6 袋後ろにしっぽを貼る

1. しっぽの★印を袋後ろの角に合わせて重ねる。
2. 前から見て、しっぽのかたむきを確認し、オモテ側にのりしろの印をつける。
3. オモテ側にのりをつけて、袋後ろに貼る。

7 中身を入れて袋口をとじる

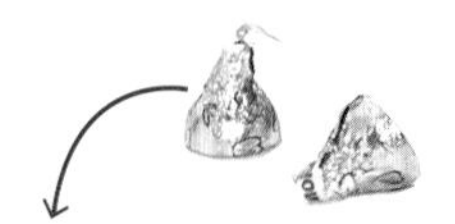

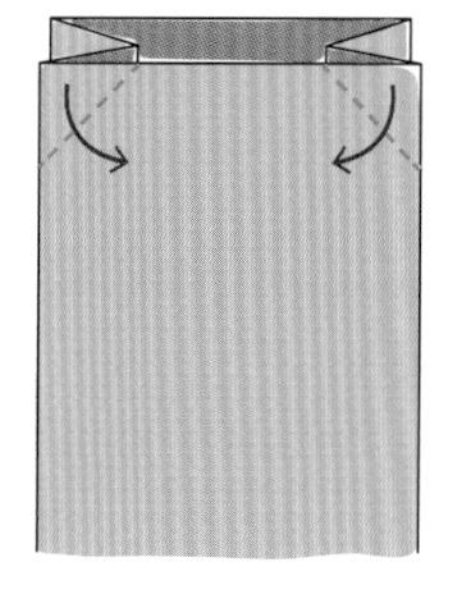

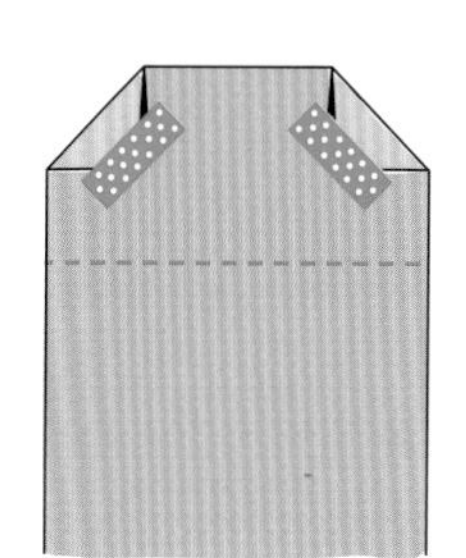

1. 袋に中身を詰め、折りこみ部分を折って、マスキングテープで貼る。
2. 鼻に両面テープを貼り、袋口に封をするように、中央に貼る。

フェルトで作る まきバラのブレスレット

フェルトに切りこみを入れてまくだけで、ブレスレットに…。
バラは端からクルクルまき、ボンドをつけると立体的な仕上がりに！

季節のマメ知識

秋のバラ

バラには春に咲くものと秋に咲くものがあり、秋バラの開花は10月中旬〜11月下旬頃。赤、ピンク、黄、白などカラフル。バラ園にお花見ピクニックに行こう。

design：Takako Koizumi

用意するもの

★ 20×20cmのフェルトでまきバラが16個、ブレスレットが4本作れるよ。
★まきバラ 1個は5×5cmで作れるので、家にあるフェルトの端切れを利用してもOK!

紙用はさみ
布用はさみ
えんぴつ
つまようじ
フェルト用ボンド
ゼムクリップ
セロハンテープ

フェルト
ミルキーグリーン(405) 20×5cm
サーモンピンク(123) 5×5cm
ピンク(102) 5×5cm
うすいピンク(110) 5×5cm

※フェルト：サンフェルト・ミニー 厚さ1mm。(00)は色番号。

Start! まきバラのブレスレットの作り方

1 ブレスレット部分を作る

① カバーウラの型紙に合わせてブレスレット部分のフェルトを切る。

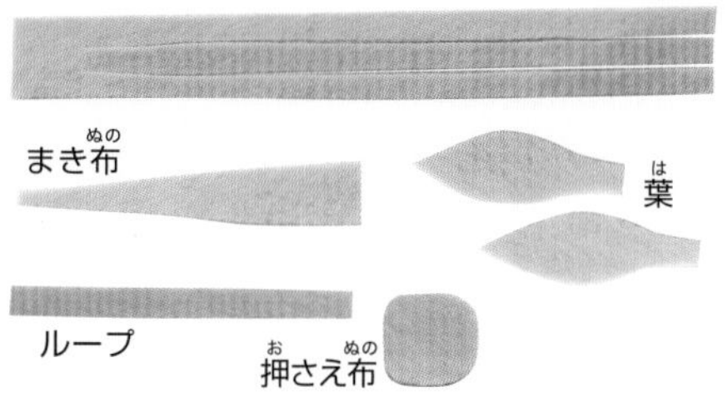

② ブレスレットの端を机のきわにセロハンテープでとめ、下から4cmまで三つ編みをする。手首にまいてちょうどよい長さを確かめる。

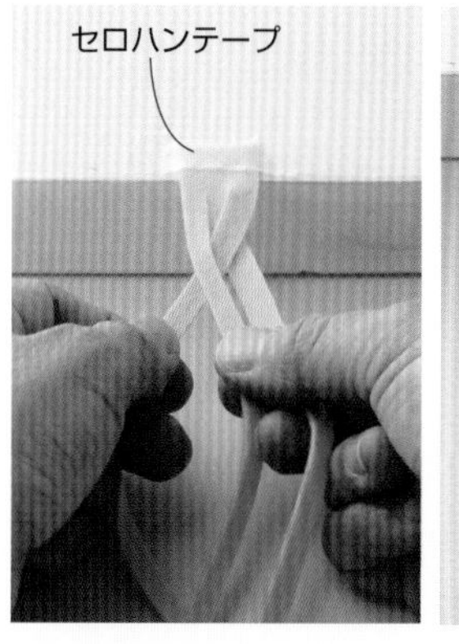

③ まき布の端の太いほうを三つ編みウラに貼って、まきつける。

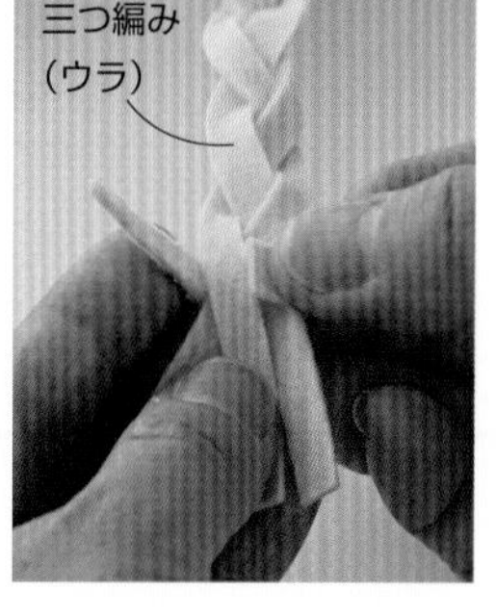

④ 先端を横に折り、たてに切りこみを入れる。さらにたてに折り、横にも切りこみを入れる。

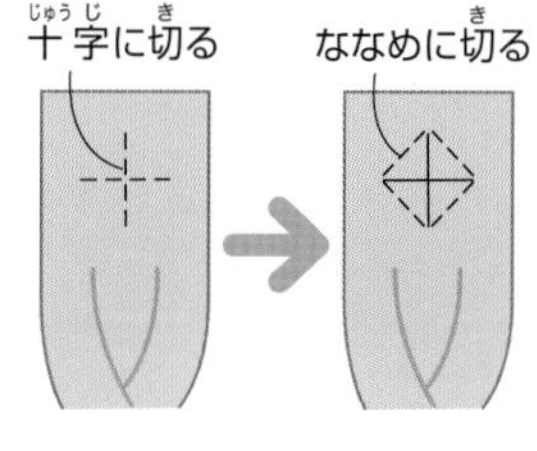

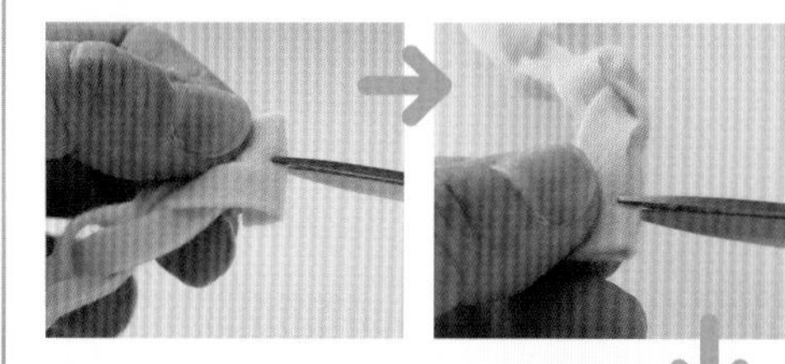

⑤ 十字の切りこみにはさみを入れ、図のようにななめに切って、ひし形の穴を開ける。

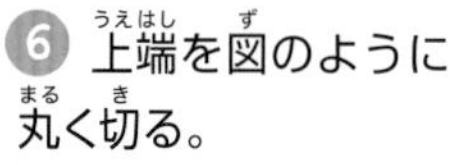

⑥ 上端を図のように丸く切る。

丸く切る

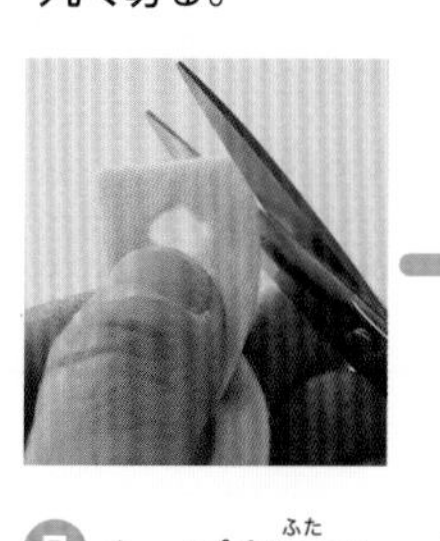

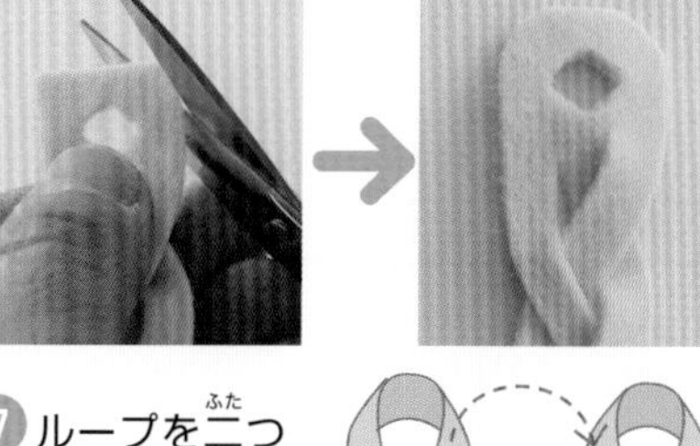

⑦ ループを二つ折りにして穴に通す。

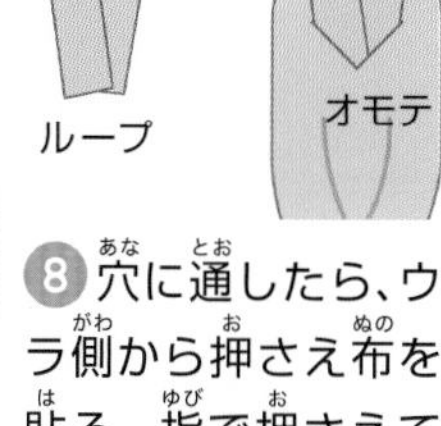

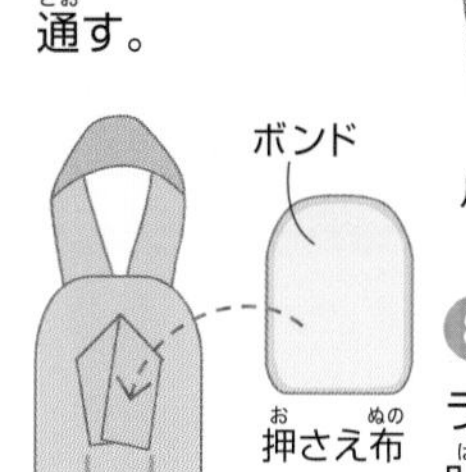

⑧ 穴に通したら、ウラ側から押さえ布を貼る。指で押さえてしっかり乾かす。

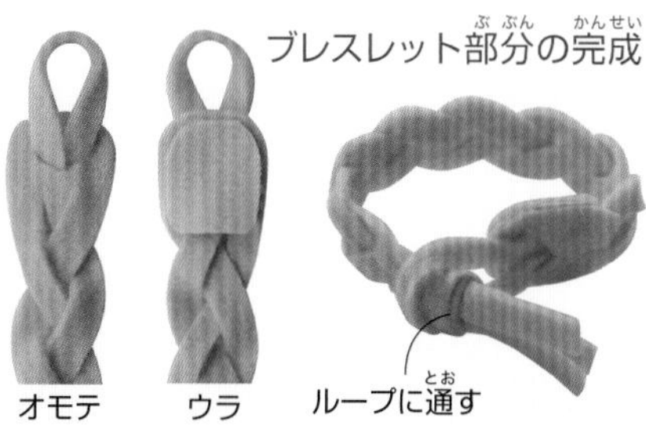

2 バラのパーツを切る

❶ カバーウラのバラの型紙を写す。約5mmの余白をつけてすべての型紙を切る。

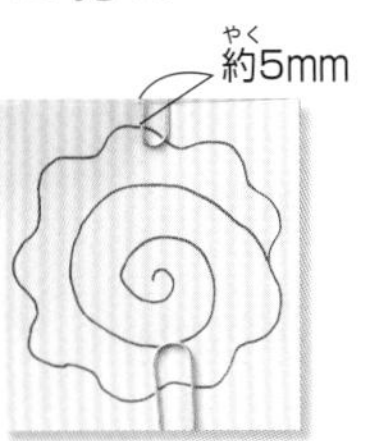

❷ フェルトは型紙より約5mm大きく切る。ゼムクリップで中央部分をはさむ。

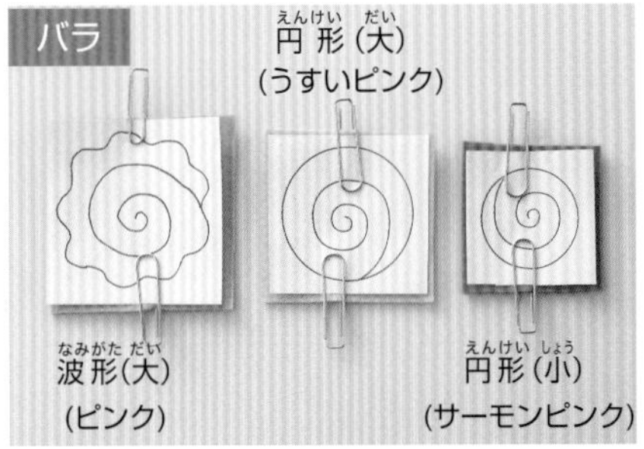

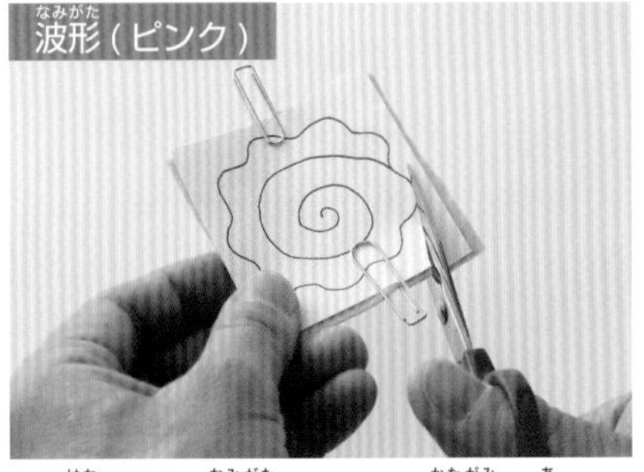

❸ 花びらの波形のふちは、型紙に合わせて少しずつていねいに布用はさみで切る。

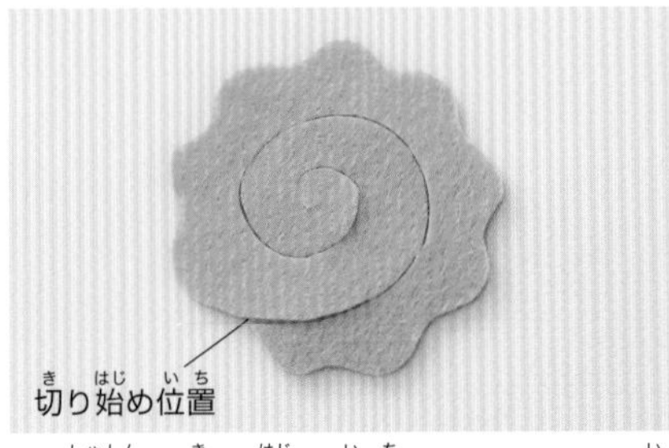

❹ 写真の切り始め位置からはさみを入れ、うずまき状に切る。

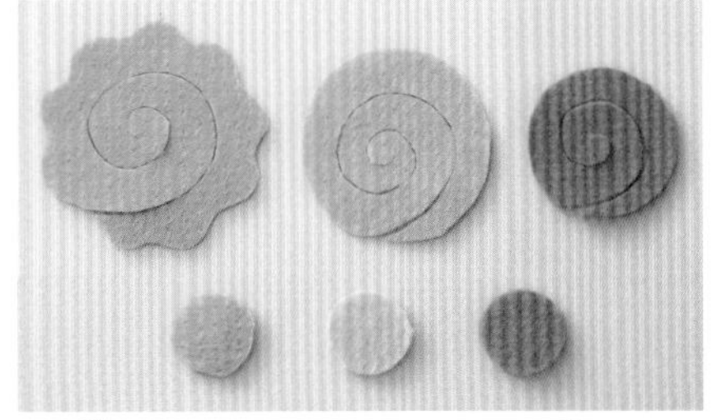

❺ 同じように、すべてのパーツを切る。

3 バラのパーツをまく

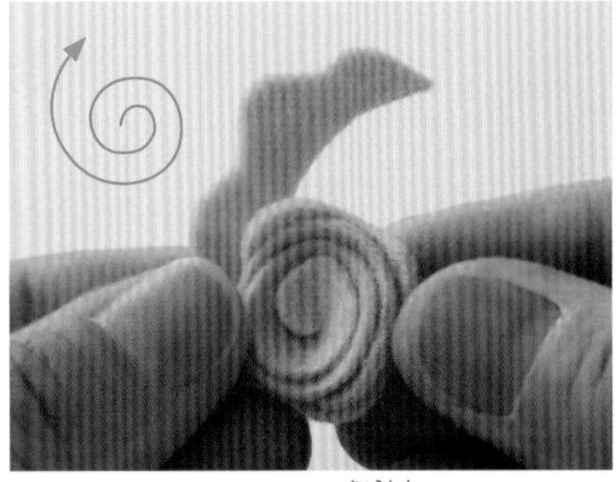

❶ バラをまいていく。中心からきっちりまき、外側は指先で形を整えながらまく。

❷ 残りが約2cmになったら、内側にボンドをつける。

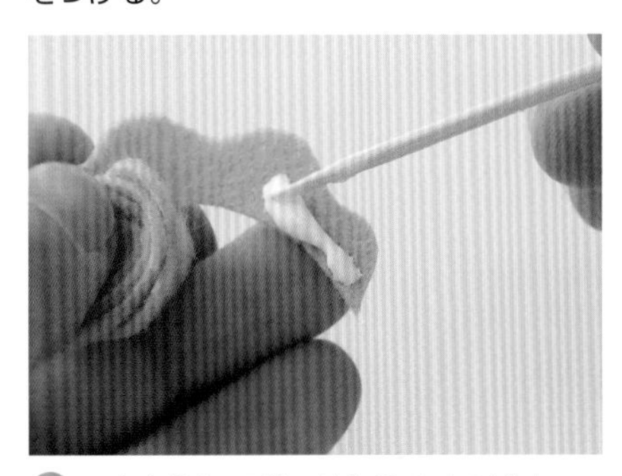

❸ つまようじでボンドをうすくのばす。

❹ 左の親指で中心を押さえ、右手で根元を押さえて形を整える。

オモテ側　　ウラ側

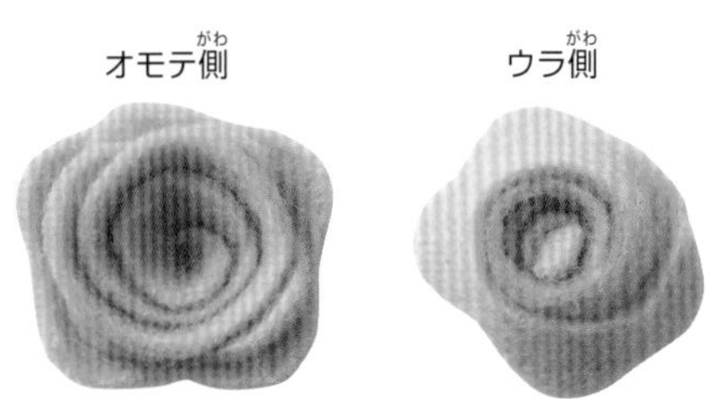

❺ オモテ側のまき具合を確認してバランスを見る。

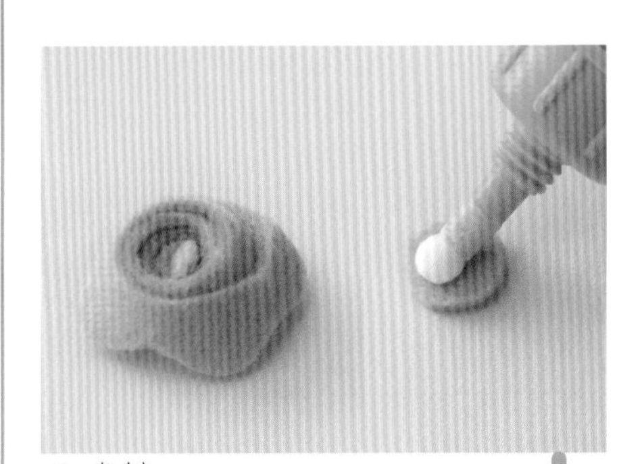

❻ 根元のピンクのフェルトにボンドをつける。つまようじで平らにのばす。

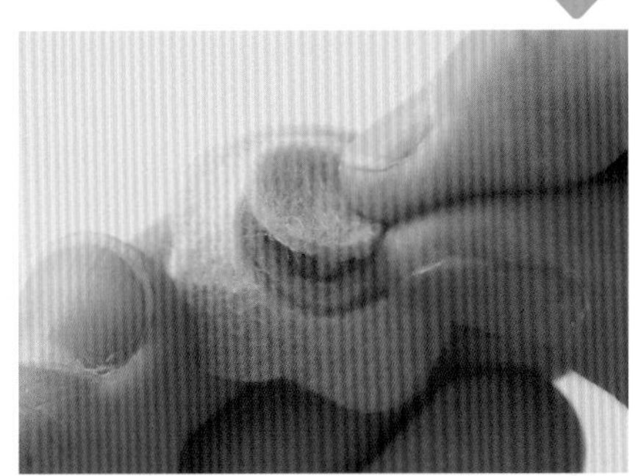

❼ ウラ側にボンドをつけた根元をのせる。指先でしっかり押して固定する。

円形（大）（うすいピンク）

⑧ 同じように円形の花びらをまく。

オモテ側

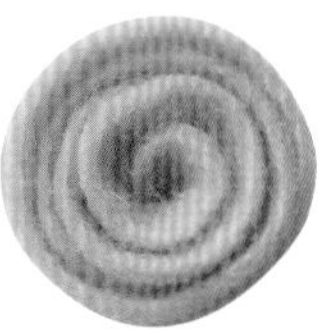

ウラ側

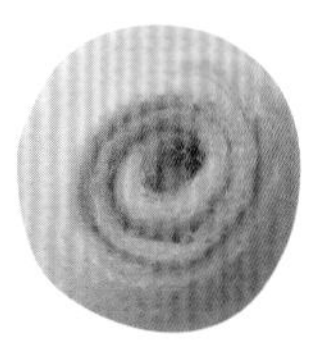

⑨ ウラ側が平らになっているかチェックする。

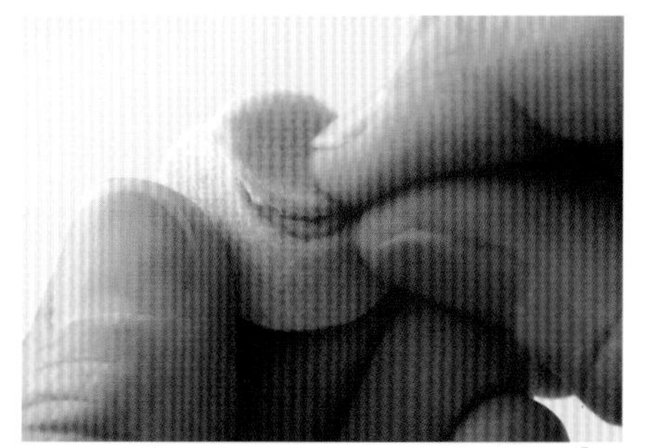

⑩ ウラ側に、ボンドをつけた根元をのせ、指先でしっかり押して固定する。

円形（小）（サーモンピンク）

オモテ側

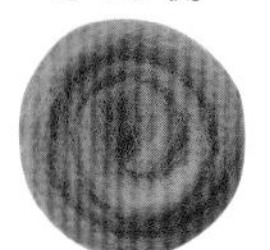

ウラ側

⑪ 同じように円形（小）のバラを作る。まきが少ないので、つぼみのような仕上がりに。

4 円形（大）のバラに葉をつける

葉を２枚重ねてボンドで貼る。さらに3⑩の根元に葉をのせ、ボンドをつけ固定する。

5 ブレスレット部分に花をつける

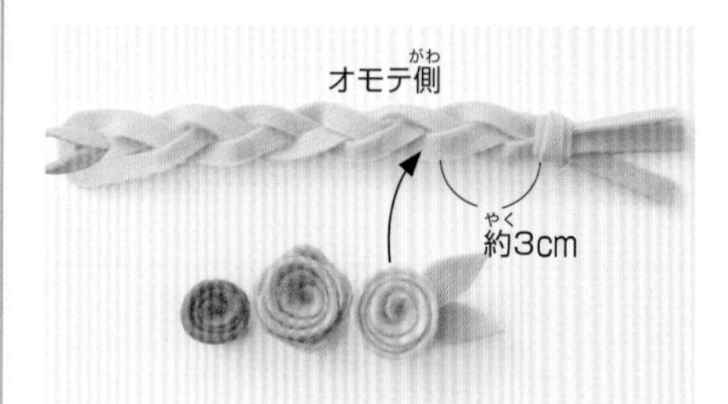

① ブレスレットの三つ編みをまとめた部分から約3cmあけて、花のパーツを貼っていく。

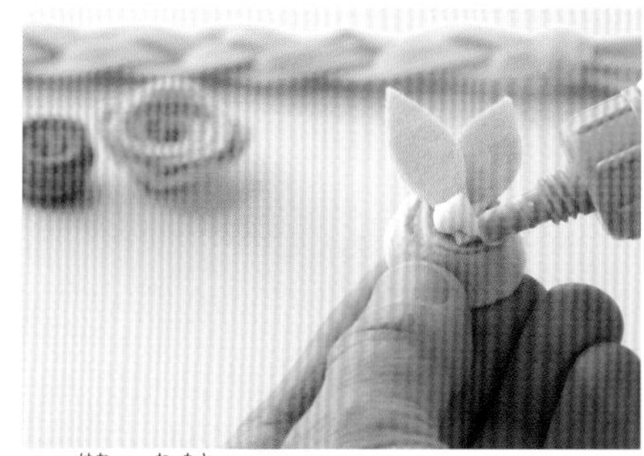

② 花の根元にボンドをつける。

③ ブレスレット部分にボンドをつけた花のパーツをのせ、指先でそっとつまみながら押して固定させる。

④ ③の花が完全に貼りつくまで数分おく。すき間をあけずに次の花を貼る。

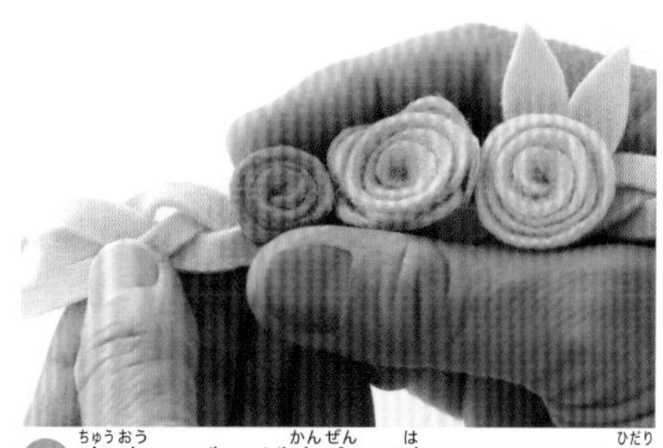

⑤ 中央のバラが完全に貼りついたら、左のバラもすき間なく貼る。

うでにまくときは、三つ編みをまとめた部分をループに通してね！

できあがり

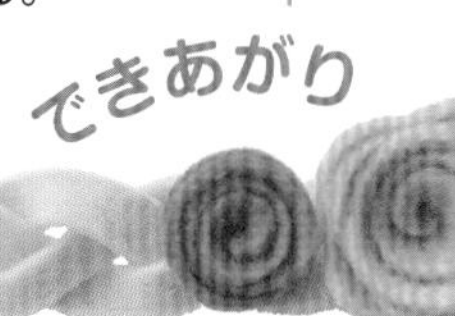

カバーウラの型紙を使ってアレンジしてみて！

フェルトで作るヘッドアクセサリー

フェルトにレースとラインストーンを貼り、ヘアクリップをつけた髪飾り。ハロウィンがくるまでにいっぱい作って、プレゼントにも…。

季節のマメ知識

ハロウィン

10月31日に行われるハロウィン。秋の収穫を祝う、悪霊を追い払うなどの意味があるそうです。かぼちゃのランタン（明かり）を作ったり、仮装したこどもたちが家々をまわったりして祝います。

design：Yasuko Endo

用意するもの
★布用はさみは、先のとがったものだと、クラウンの山形がきれいに切れる。
★ラインストーンの代わりにボタンやビーズ、チャームなどでもOK!
★フェルト用ボンドを使うとよく貼りつくよ。
アイロン
セロハンテープ
目玉クリップ
布用はさみ
レーステープ
1cm幅16cm
ボンド用小皿
工作用
ヘラ
紙用
はさみ
シャープ
ペンシル
フェルト
ピンク(126)
20×15cm
フェルト用
ボンド
ラインストーン
直径1cm5個
こいピンク(116)
20×15cm
ヘアクリップ
1cm幅6cm
じょうぎ
※フェルト: サンフェルト・ミニー厚さ1mm。(00)は色番号。

フェルト2枚を貼り合わせてつくるよ！
好きな色を組み合わせて作ってね！
内側のフェルト
(こいピンク)
外側のフェルト
(ピンク)
ヘアクリップ
ハロウィンの衣装に合わせてコーディネートしてね！
できあがり線
★フェルトはこの線で切る
クラウン
★型紙はこの線で切る
50%
型紙
コピー機で
200%に拡大
底
ヘアクリップ
通し口
できあがり線
★フェルトはこの線で切る

Start! ヘッドアクセサリーの作り方

1 外側のフェルトに型紙をのせて切る

❶ P.23の型紙を拡大コピーして、外側の線で型紙を切る。

❷ 外側のフェルト(ピンク)を用意し、クラウン部分と底を図の大きさに切る。①の型紙をフェルトにのせ、セロハンテープで型紙のまわりをすき間なく貼る。

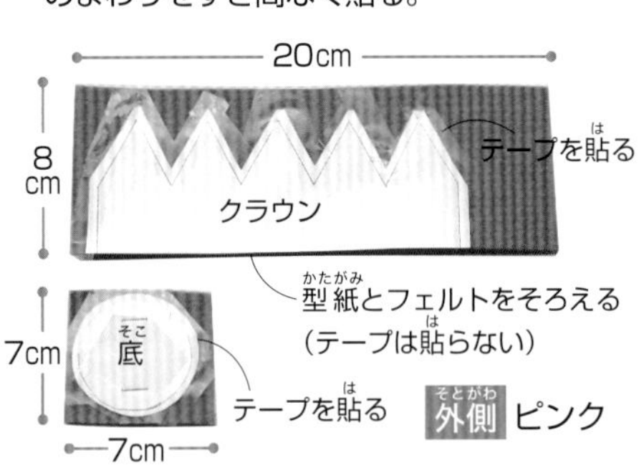

山から谷に向かって切る

❸ 布用はさみで、仕上がり線を切る。
★はさみを入れる時は、まっすぐにていねいに切る。

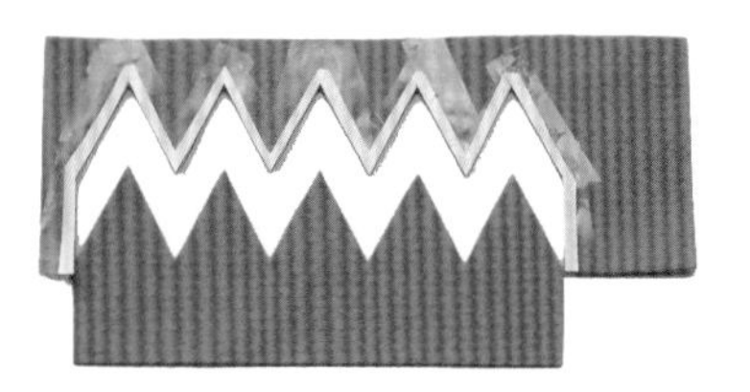

❹ 底に型紙をのせ、ヘアクリップをさしこむ位置にシャープペンシルで印をつける。型紙をはずし、点をつなげて2本の線を書く。

❺ 切りこみを入れる。

2 内側のフェルトにボンドで接着する

❶ 内側のフェルト(こいピンク)を用意し、図の大きさに切る。

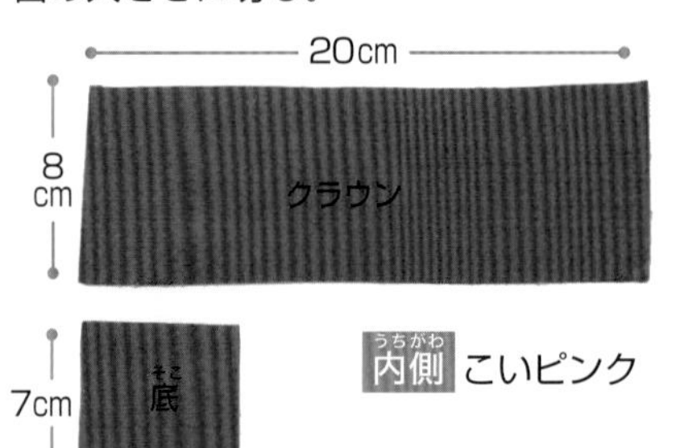

❷ 1の外側のクラウン部分のウラに、ボンドをつけてヘラでのばす。底のウラはヘアクリップがつく部分をさけてボンドをぬる。

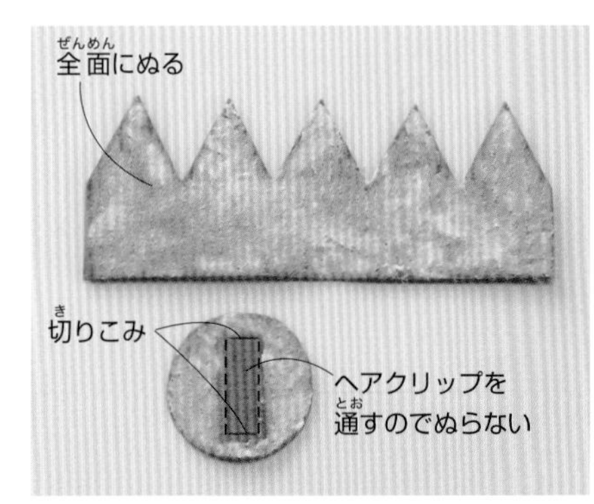

❸ 内側のフェルトに②の外側のフェルトをのせる。

❹ 中温のアイロンで、3秒くらいずつ押さえながら、熱で接着する。底も同じ。
★アイロンにボンドがつかないように、必ず当て布をする。

当て布をしてね

★アイロンを使う時はやけどに注意。

3 クラウン部分を貼り合わせる

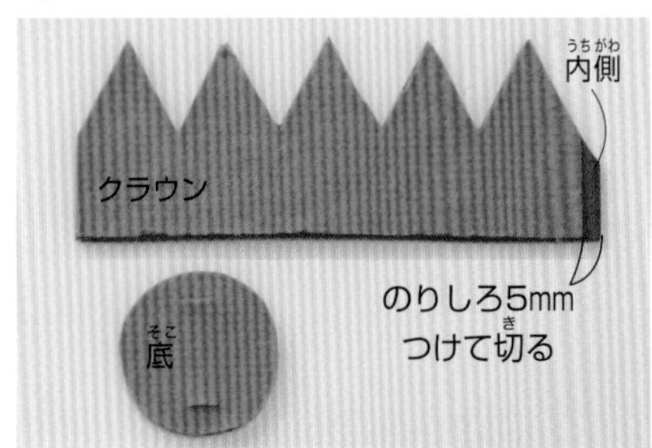

❶ クラウン部分は、右端にのりしろを5mmつけて切る。底は外側と同じ大きさに。

② 内側のフェルトの、のりしろにボンドをつけてヘラでのばす。

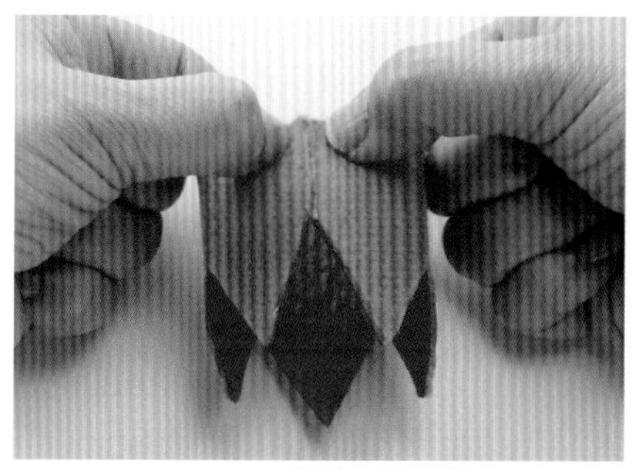

③ ボンドをぬった部分を貼り合わせる。

④ 写真のように、上下を目玉クリップではさみ、約10分置いて固定させる。

4 底をつける

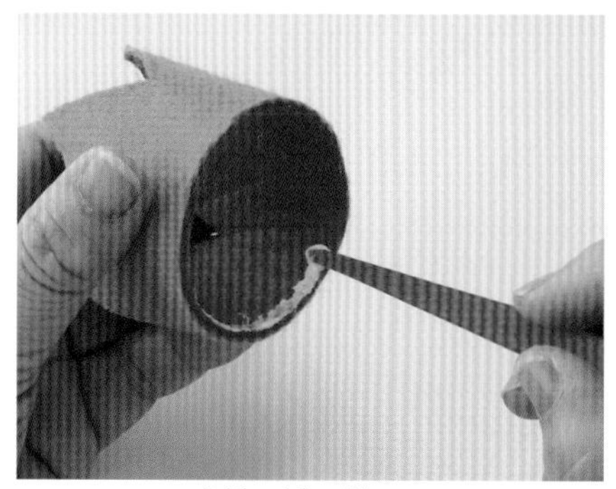

① クラウン部分の下の端にボンドをぬる。ボンドが均一になるように、ヘラでのばす。

② クラウンのはぎ目とヘアクリップの穴の位置を合わせて、底をはめこみ、周囲を押さえる。

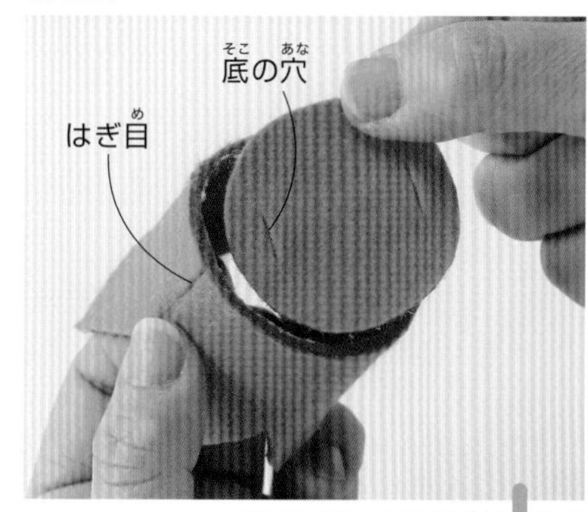

約10分置いて固定させる。

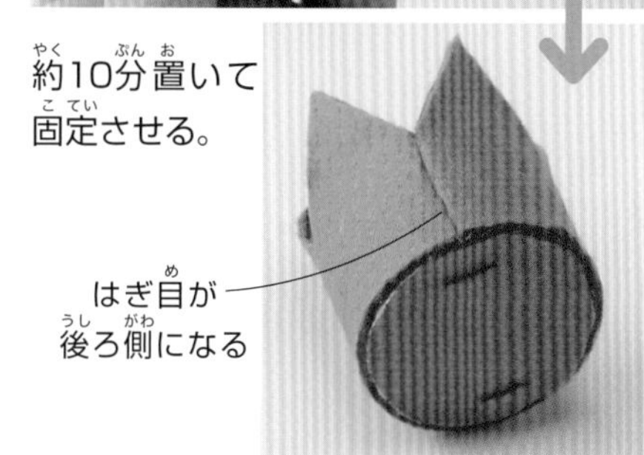

5 飾りをつける

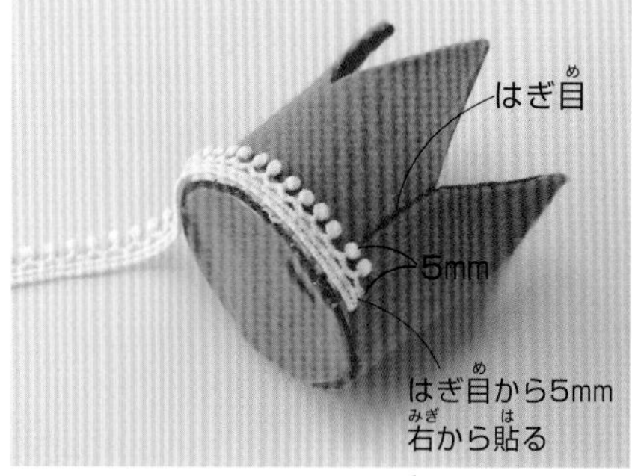

① はぎ目の線から5mm右の位置からレースをボンドで貼っていく。

② ぐるりと貼ったらレースを5mm重ねてはぎ目の上で切る。重ねた部分にへらでボンドをつけて仕上げる。

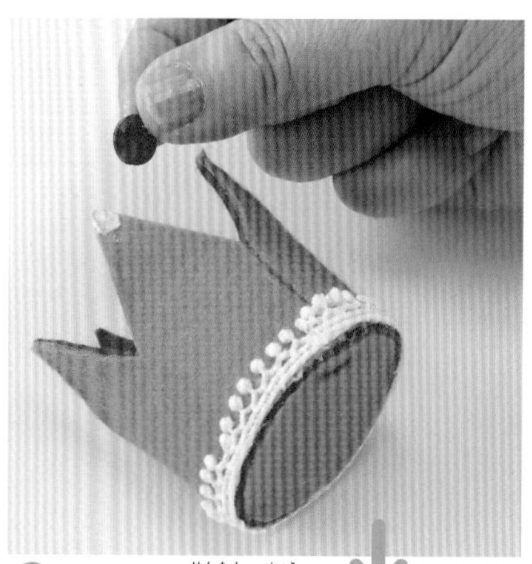

③ クラウンの先端に少量のボンドをつけ、ラインストーンを5か所に貼る。ボンドが乾くまで、数分おいておく。

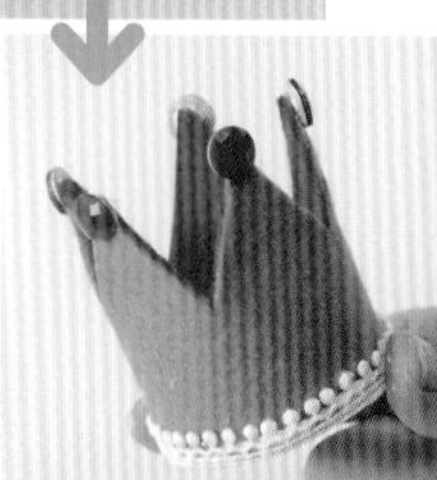

6 ヘアクリップをつける

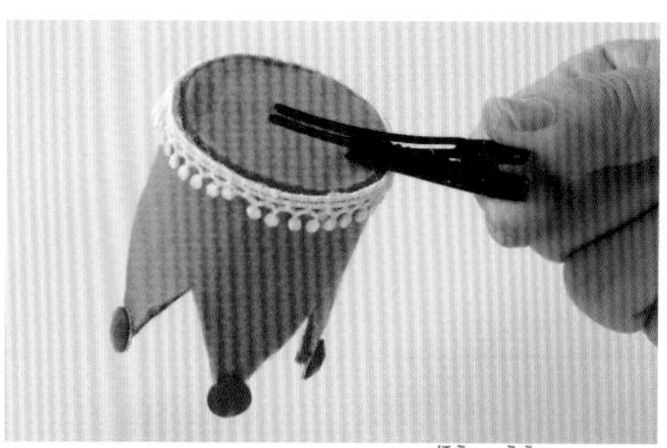

ヘアクリップのカーブがある方を上にして、底の切りこみに差しこむ。

★通しにくい場合は、切りこみの幅を広げる。

できあがり

る＋貼る＋道具で作るもの

6

ポンポンで作る お月見うさぎ

まき方の工夫でもようをつけたり、切り方で形や大きさをアレンジしたり。
まん丸しっぽがキュートなうさぎたちと、お月見を楽しんでね！

季節のマメ知識

十五夜

旧暦の8月15日の夜を十五夜とよび、お月見をする風習があります。月見だんごや里芋、栗、くだもの、すすきの穂などを供えます。

design:Kazue Ohtake

用意するもの

用具の使い方や素材のあつかい方は商品の説明書を見てね

市販のポンポンメーカーを使うときれいな形のポンポンが作れます。大きさを変えても楽しめます。

はさみは先端のとがった小さいタイプのものがおすすめ。

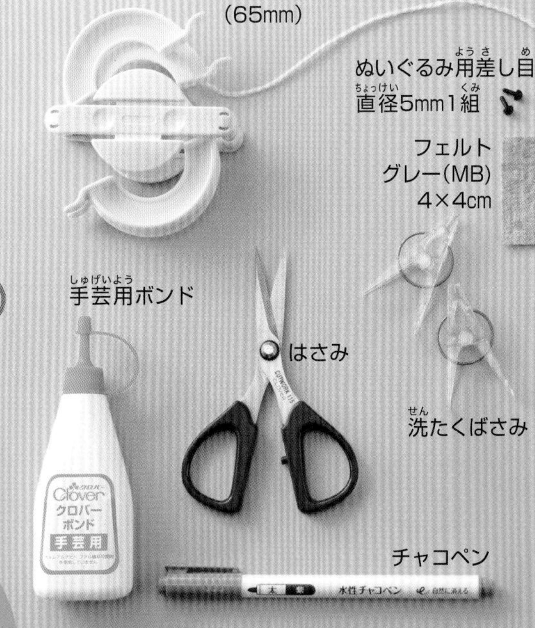

スーパーポンポンメーカー（65mm）

ぬいぐるみ用差し目 直径5mm1組

フェルト グレー（MB） 4×4cm

毛糸1玉 水色（2）

手芸用ボンド

はさみ

洗たくばさみ

毛糸1玉 白（51）

チャコペン

※道具：クロバー・スーパーポンポンメーカー。カットワークはさみ。

※毛糸：オリムパス・ミルキーベビー（合太）、ミルキーキッズ（合太）。並太毛糸でもOK。フェルト：サンフェルト・ミニー厚さ1mm。（00）は色番号。

Start! お月見うさぎの作り方

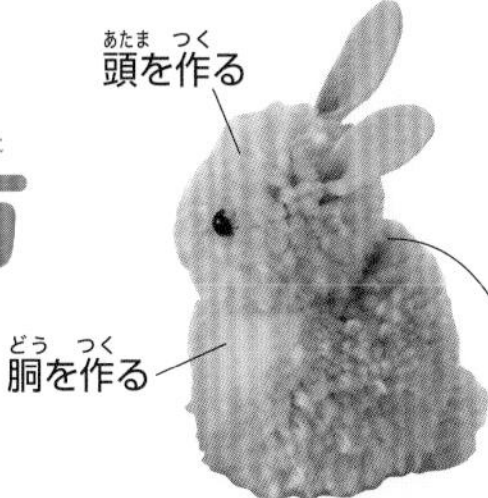

うさぎの頭と胴の2つのポンポンを作ってつなげるよ！

1 頭を作る① ポンポンメーカーのアームに毛糸をまく

① 毛糸玉の内側と外側から糸端を引き出して、2本の端をそろえて持つ。
★毛糸は2本どりでまいていく。1本でまくより早くまけるよ！

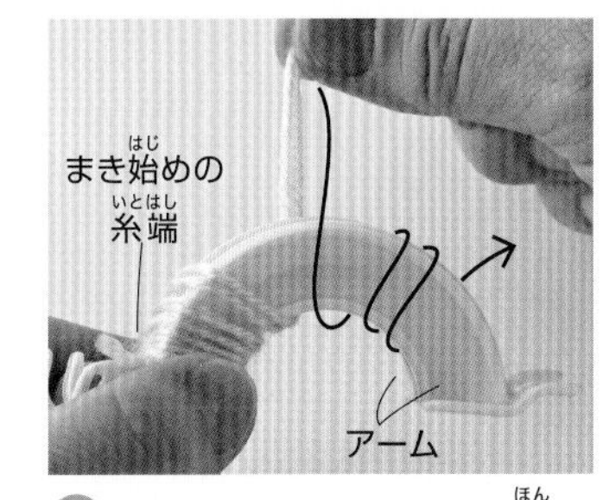

② ポンポンメーカーの2本のアームをそろえて持ち、水色糸を内側の端からまいていく。

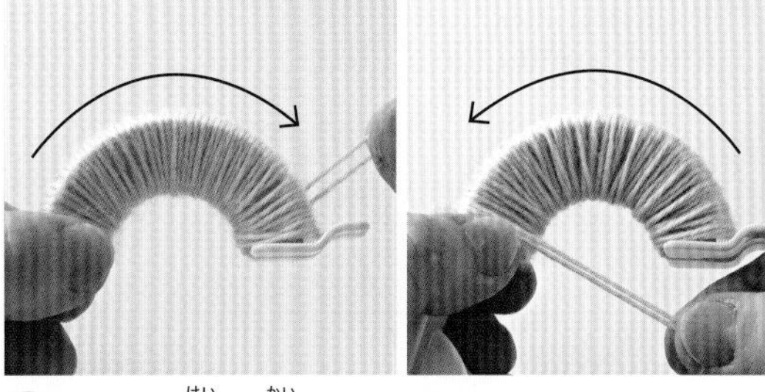

③ アームに計60回まきつける。
★毛糸が1か所にかたよらないように、均等にまく。

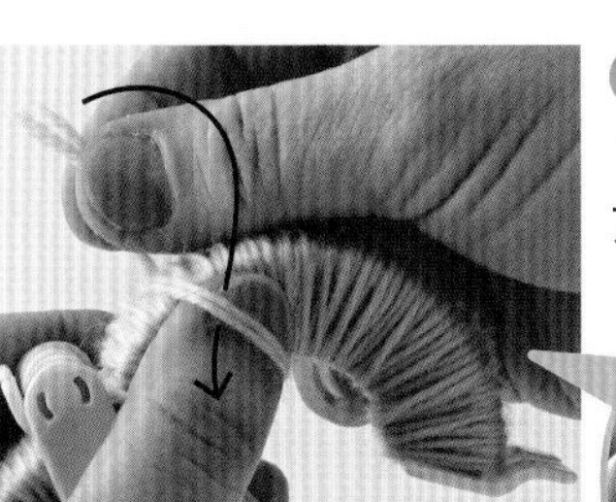

④ 5cm残して糸を切り、最後の1まきに端をくぐらせてとめる。アームをとじる。

⑤ 反対側のアームにも、同じように水色糸をまいて、とじる。

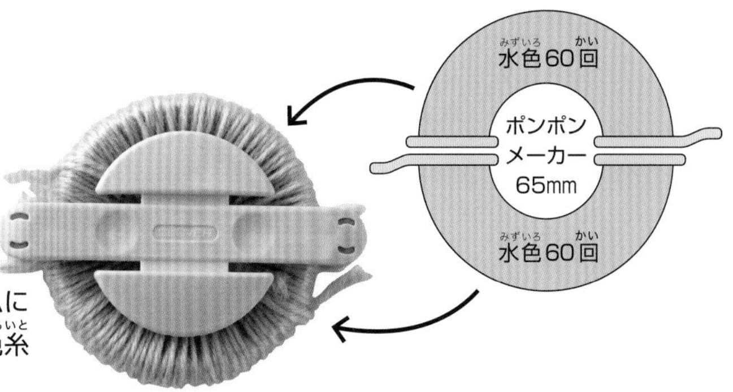

2 頭を作る②
中心を結び、ポンポンメーカーからはずす

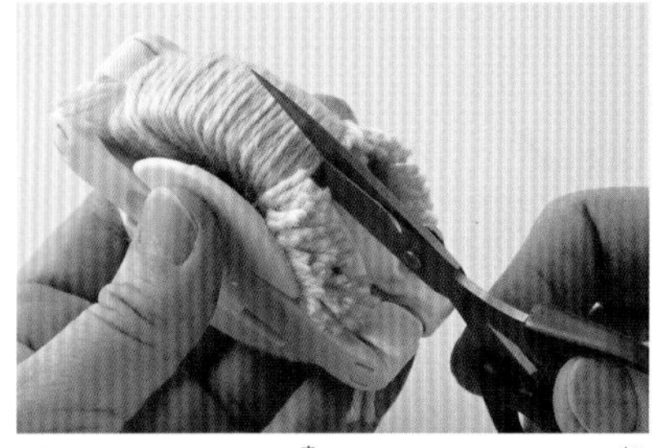

❶アームのすき間のみぞにはさみを入れ、毛糸を切る。
★たくさんまいた毛糸を切るときは、力がいるので、少しずつ切る。

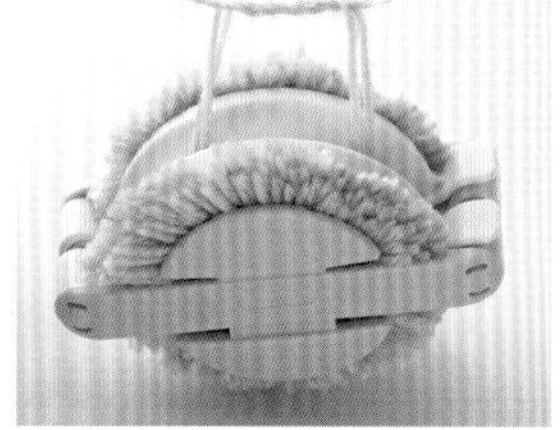

❷結び糸60cmを半分に折り、アームのすき間にわたす。糸を2回からめてしっかり結び、もう1回結ぶ。

2回からめる

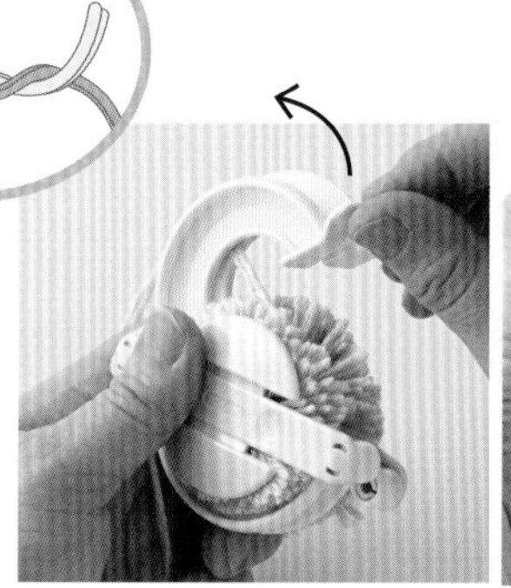

❸アームを片側ずつそっと開き、ポンポンメーカーを矢印の方向に引っぱってはずす。

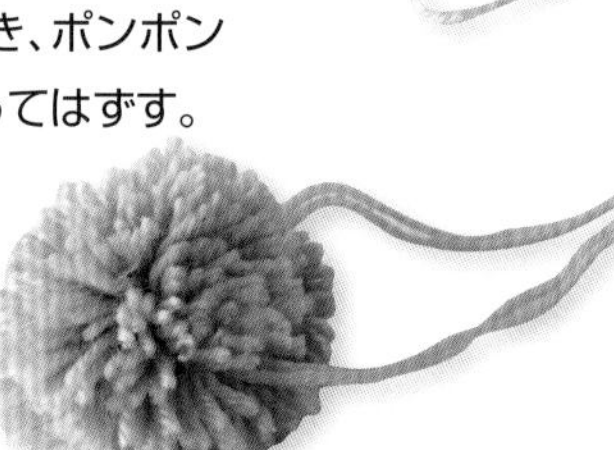

❹手のひらで毛足を整え、直径約4cmになるように、はさみで丸く切りそろえる。
★小さいはさみだと切りやすい。

3 胴を作る①
ポンポンメーカーのアームに2色の毛糸をまく

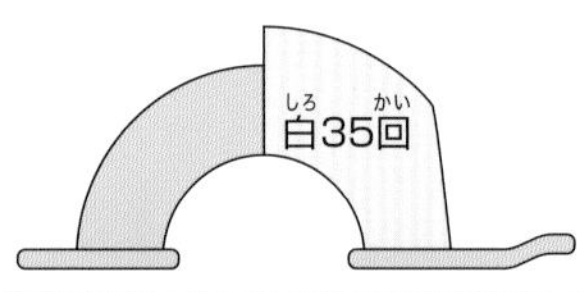

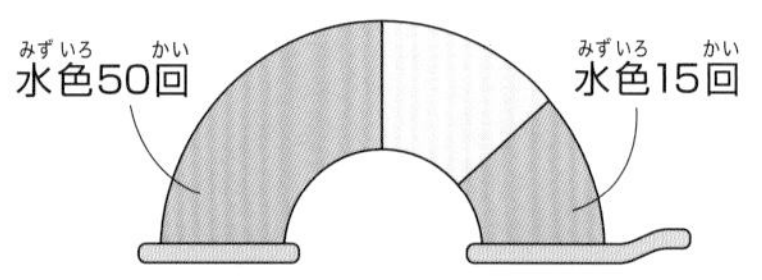

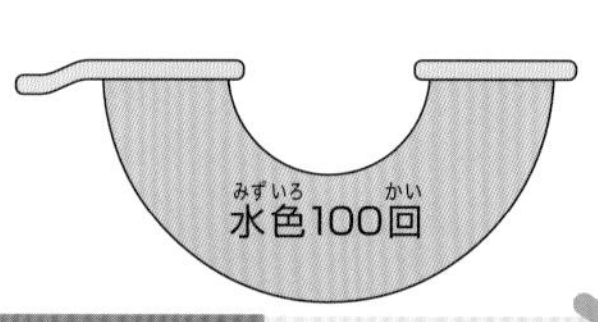

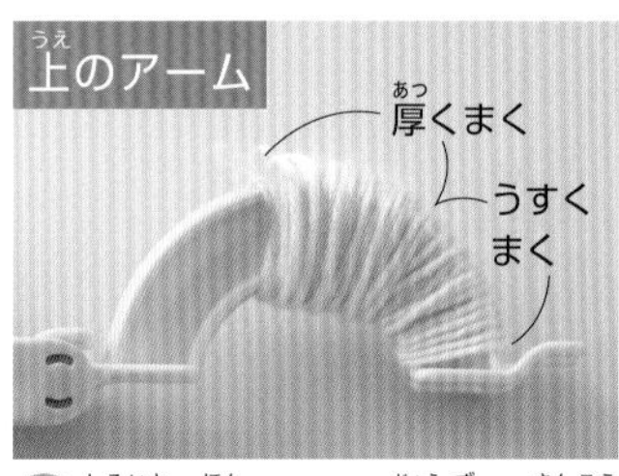

❶白糸2本どりで、上図を参考に、右端から35回まき、糸を切る。★中央は厚くなるように重ねてまく。

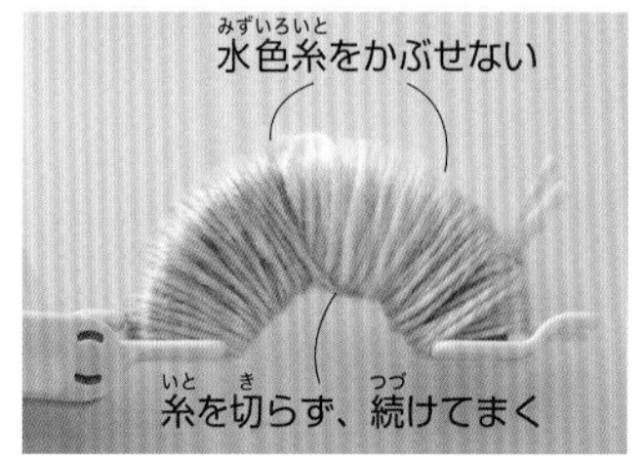

❷水色糸を、白糸の右側に15回、左側に50回まき、糸を切る。まき終わったら、アームをとじる。

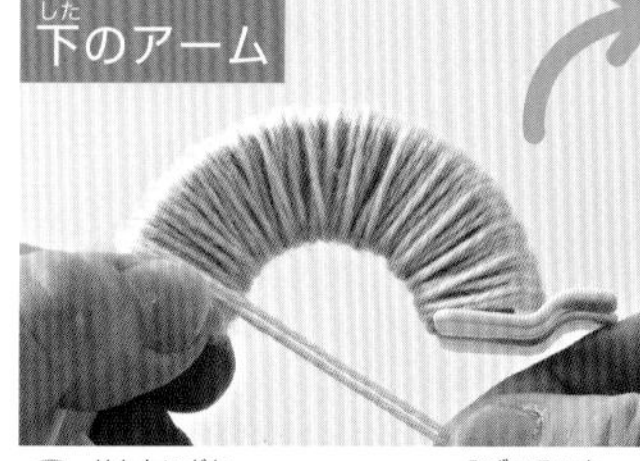

❸反対側のアームに水色糸を往復しながら100回まき、糸を切ってアームをとじる。

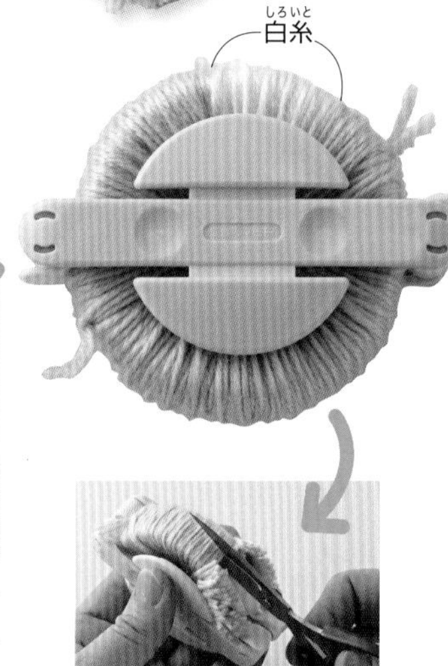

❹アームのすき間のみぞにはさみを入れ、毛糸を切る。

4 胴を作る② 中心を結んでポンポンメーカーからはずす

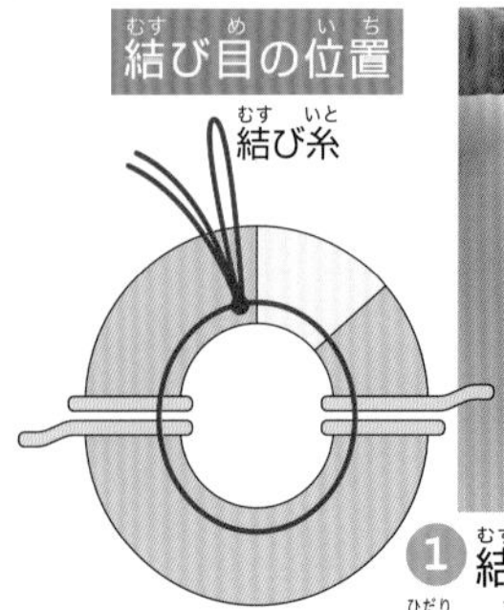

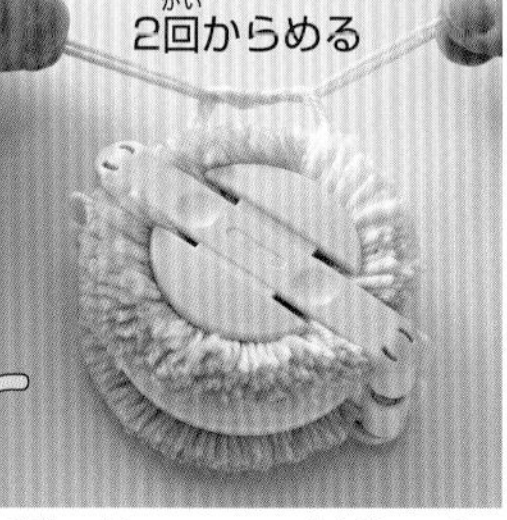

❶結び糸60cmを半分に折り、アームのすき間にわたし、左の図の位置で、頭と同じように結ぶ。アームを開いて、ポンポンメーカーをはずし、丸く整える。

❷結び糸が下になるように手で持ち、反対側を図のように平らに切って、底を作る。

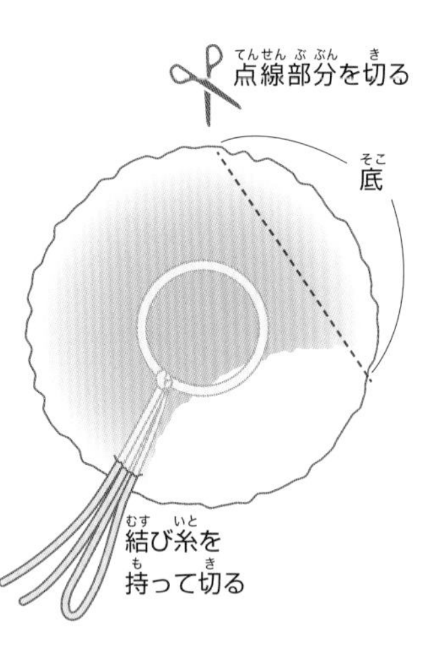

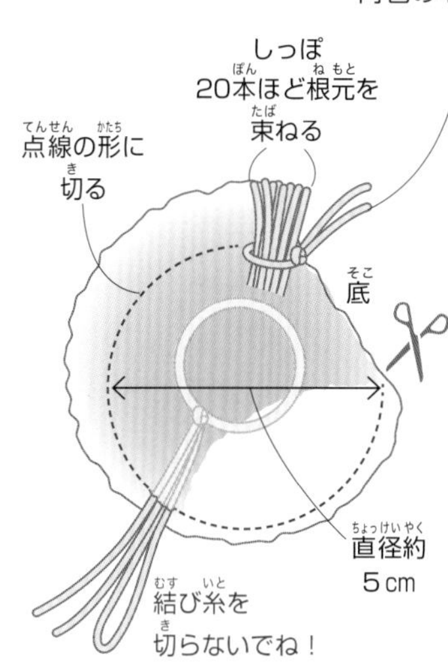

5 胴を作る③ しっぽを作る

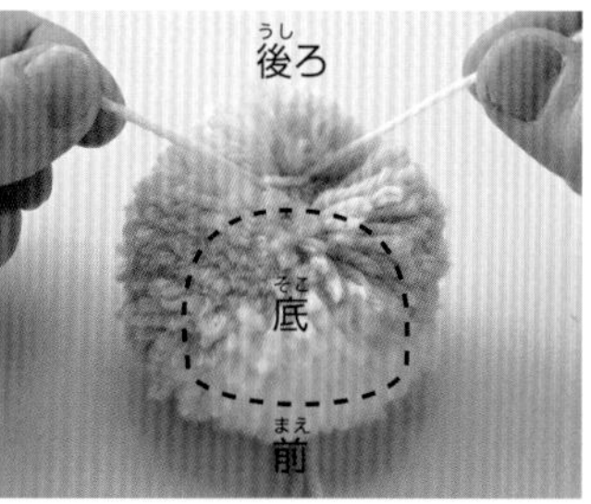

❶ 図を参考に、しっぽ位置の毛糸を20本ほど取り、束ねて結ぶ。
★同色の毛糸で結んでね！

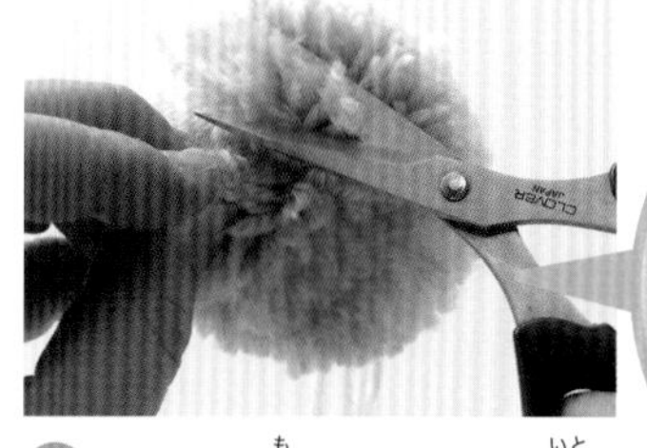

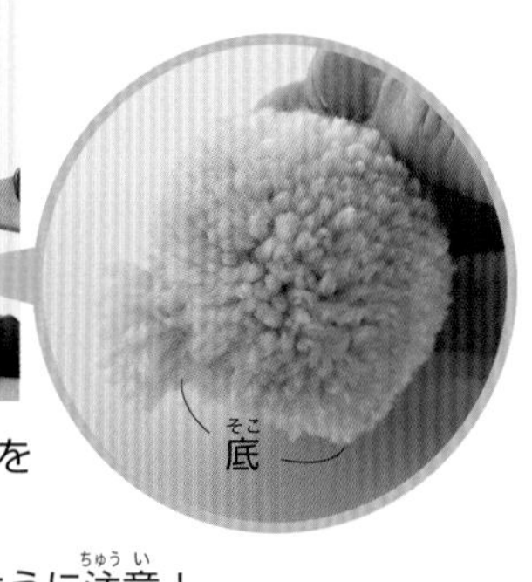

❷ しっぽを持ってまわりの糸をかりこみ、丸くうき立たせる。
★しっぽと結び糸を切らないように注意！

6 頭と胴をつなぐ

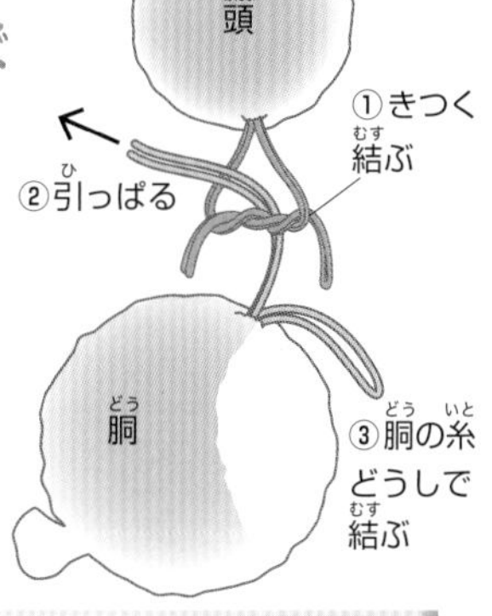

❶ 頭の結び糸で、胴の結び糸の片側をきつく結ぶ。胴の結び糸を引いて、頭と胴をぴったりつける。

❷ 胴の結び糸どうしをきつく結ぶ。

❸ 頭と胴の結び糸を、ポンポンの毛足と同じ長さに切り、なじませる。

❹ 図を参考に、鼻先からおでこをななめに切る。

ななめに
切る
鼻先

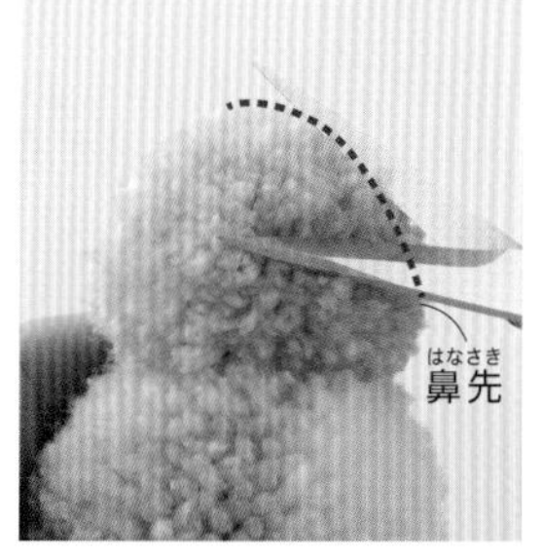

7 目と耳をつける

実物大型紙

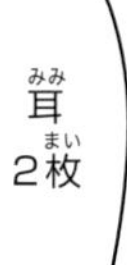

①うすい紙を重ねて線を写し、はさみで切る。
②①をフェルトに重ね、チャコペンでりんかくをなぞる。

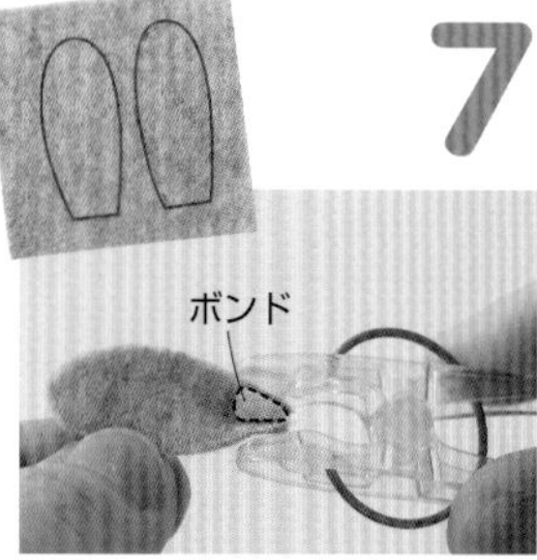

❶ 耳の型紙を作り、フェルトに写して切る。下端にボンドをつけ、洗たくばさみでつまんで乾かす。

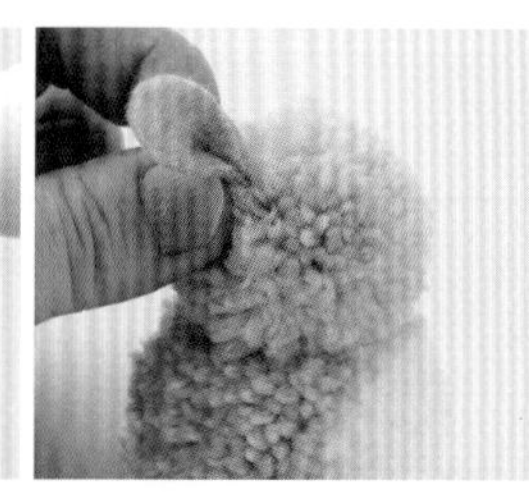

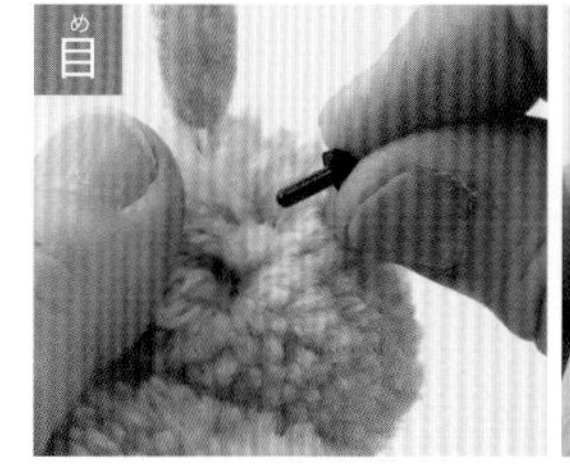

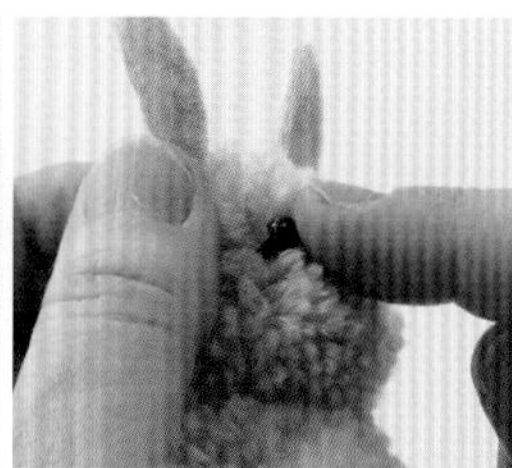

❷ バランスを見ながら、耳と目をつける位置を決め、毛糸をかき分けてボンド少し多めにつける。

❸ 耳と差し目パーツをそれぞれの位置に差しこみ、乾かす。

切る＋貼る＋ぬう・織るで作るもの
7
上級
★Handicrafts★

ウール刺しゅうで作る
落ち葉のラリエット

秋色のフェルトを葉の形に切り、どんぐりに見立てたウッドビーズをバランスよく並べて、毛糸のランニングステッチでつなげていくよ。

●ラリエットとは

ラリエットは留め具がない1本のひも状のネックレスです。両端をからめたり、チョーカーのように首にまいて使います。腰にまいてもかわいい。

design:Yasuko Endo

用意するもの

★ウッドビーズは好みの色が10個あればOK! 毛糸を通すので、あらかじめ目打ちの先で穴の木くずなどをとっておこう。

※ 毛糸：オリムパス・ミルキーキッズ(合太)。並太毛糸でも作れます。
フェルト：サンフェルト・ミニー厚さ1mm。(00)は色番号。

フェルト
オレンジ(370)
黄色(383)
黄緑(450)
青(553)
各15×6cm

モスグリーン(442)
茶(219)
各15×6cm

赤(120)
15×12cm

どんぐり用フェルト
ベージュ(235)
15×6cm

合太毛糸
こげ茶(60)
約2m

ウッドビーズ　直径1.2cm
緑2個、黄色2個、
オレンジ2個、ピンク2個、
生成り1個、赤1個

ボンド用小皿
フェルト用ボンド
工作用ヘラ
シャープペンシルまたはえんぴつ
布用はさみ
じょうぎ
糸通し器
ゼムクリップ
穴の大きな刺しゅう針または手ぬい針

Start! 落ち葉のラリエットの作り方

P.32へつづくよ

1 どんぐりを作る

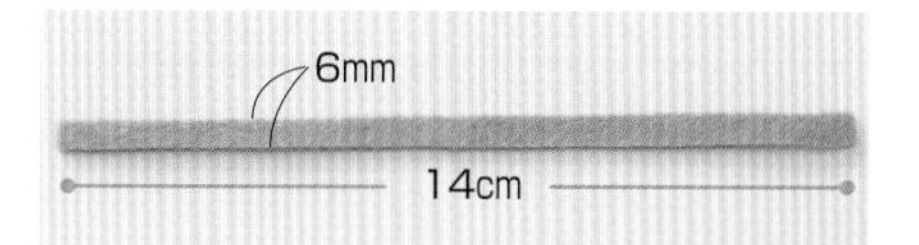

① ベージュのフェルトにじょうぎとえんぴつを使って幅6mm、長さ14cmに線を引き、はさみでていねいに10本切る。

② 片方の端を2、3回まいてからボンドを約1cmぬる。ゆるまないように続けてまいていく。

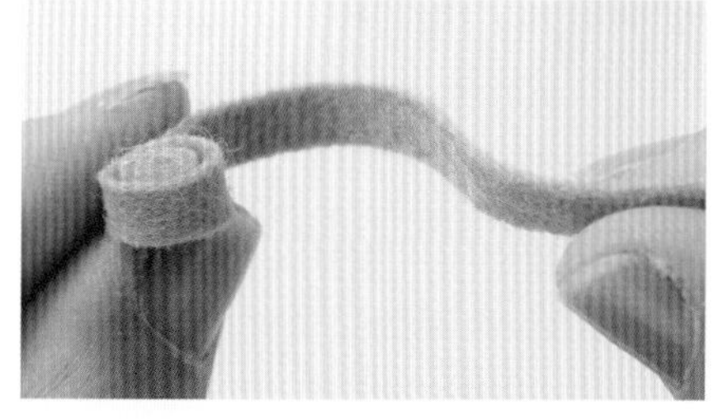

③ しっかりまき終わったらボンドを約2cmぬり、とめる。ボンドが乾くまで5分ほどおいておく。

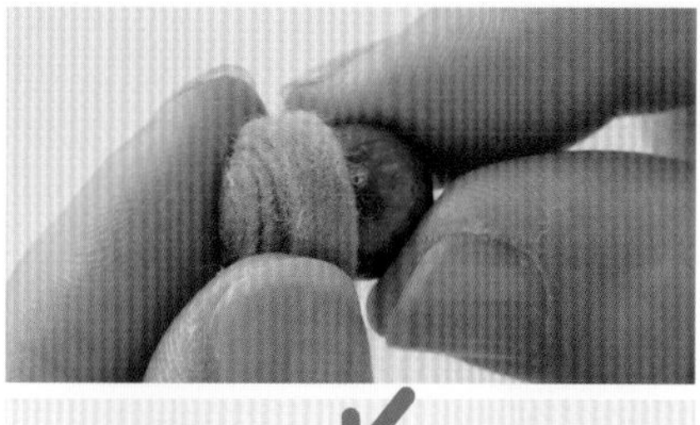

④ ③にウッドビーズをまわしながら押しこんで、フェルトをへこませて、どんぐりの帽子を作る。

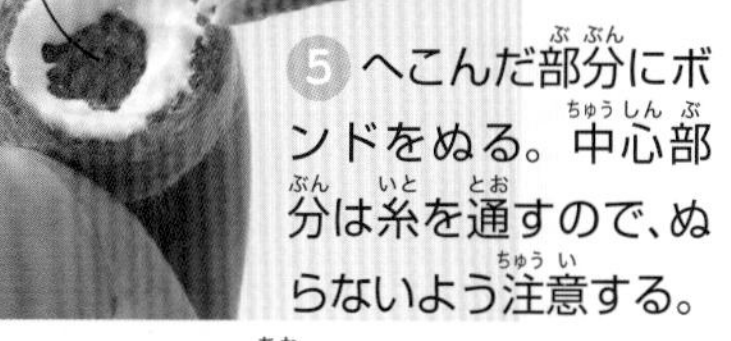

⑤ へこんだ部分にボンドをぬる。中心部分は糸を通すので、ぬらないよう注意する。

⑥ ウッドビーズの穴が帽子の中心になるように、のせておさえる。乾くまで5分ほどおいておく。

★ウッドビーズの穴に針を通すので、穴がふさがらないように確認しながら貼る。

同じようにどんぐりを計10個作る。

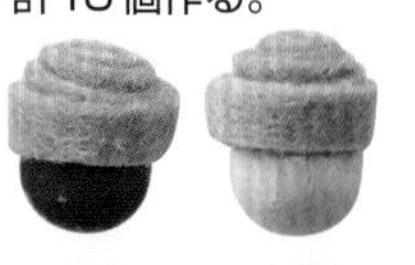

2 葉のパーツを切る

① カバーウラの型紙を写す。りんかくにそって型紙を切る。

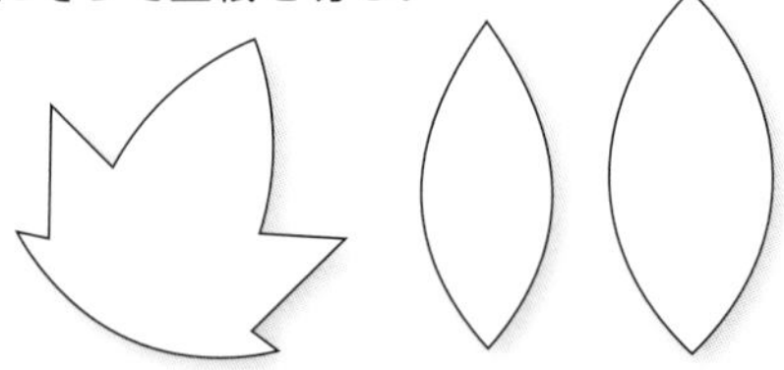

② 大小の葉はゼムクリップで中央部分をはさむ。カエデの葉は三か所にとめる。

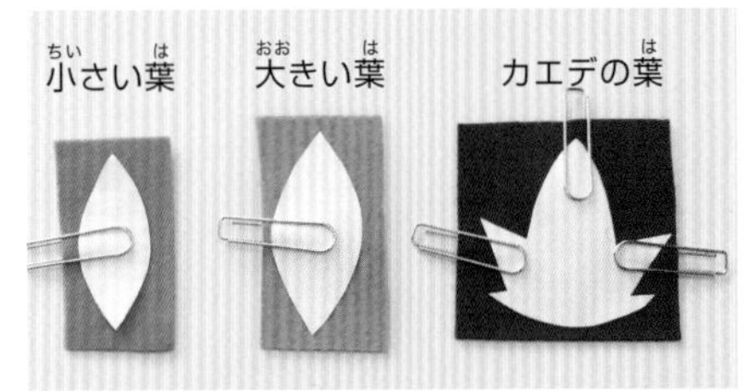

大小の葉の切り方

③ 型紙にそってはさみの先で切る。

カエデの葉の切り方

④ 複雑な形は、まず大きめに切る。型紙の周囲をはさみの先でていねいに切る。

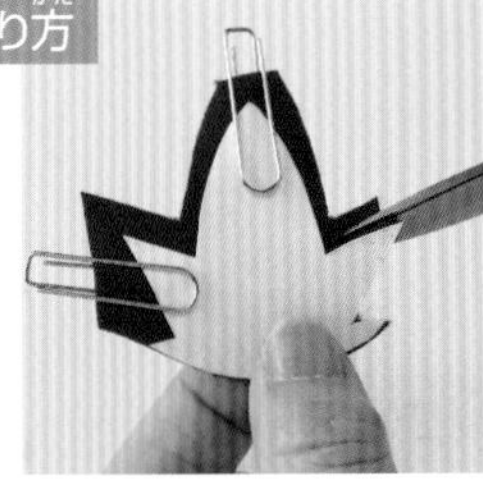

小さい葉

小さい葉を各色6枚ずつ切る。

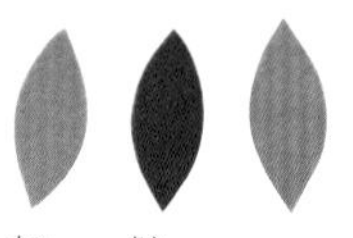

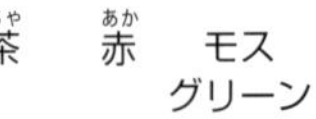

大きい葉

大きい葉はオレンジ3枚、他を各色２枚ずつ切る。

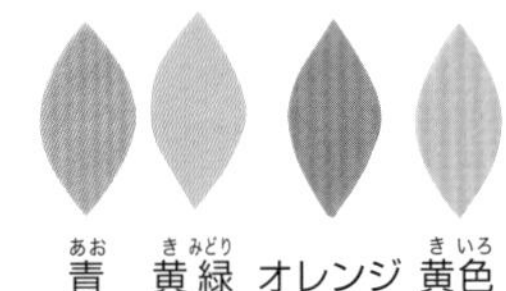

カエデの葉

カエデの葉は赤を２枚切る。

3 葉とどんぐりを並べる

1で作ったどんぐりと葉を並べる。

小さい葉→大きい葉→小さい葉→どんぐりの順に並べる。どんぐりの向きに注意する。

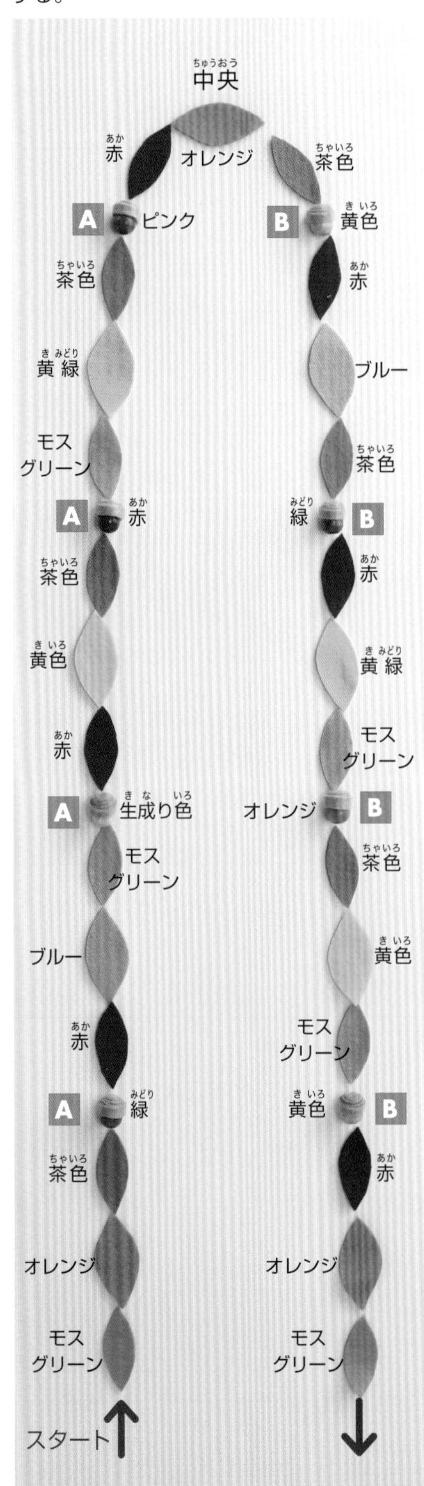

4 毛糸で葉をつなげる

① 茶色の毛糸2mを糸通し器で刺しゅう針に通す。

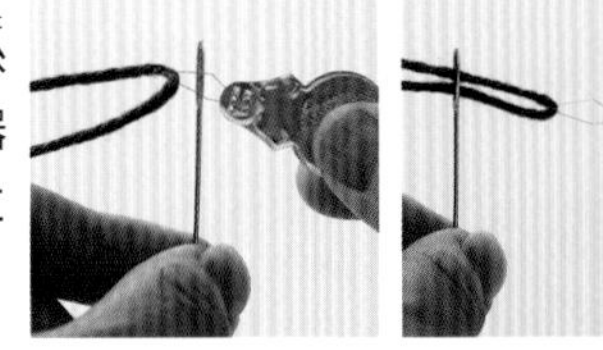

② **3**のスタートのモスグリーンの葉に針を入れて、毛糸を30cm残す。

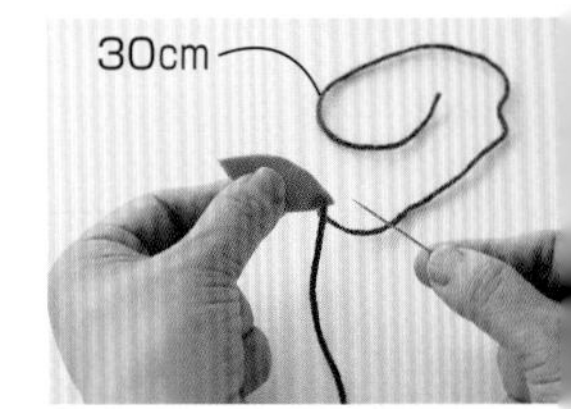

③ 1枚の葉に、4～5目のランニングステッチをする。毛糸は通しにくいので、ひと針ずつ刺す。
★ランニングステッチはカバーウラ。

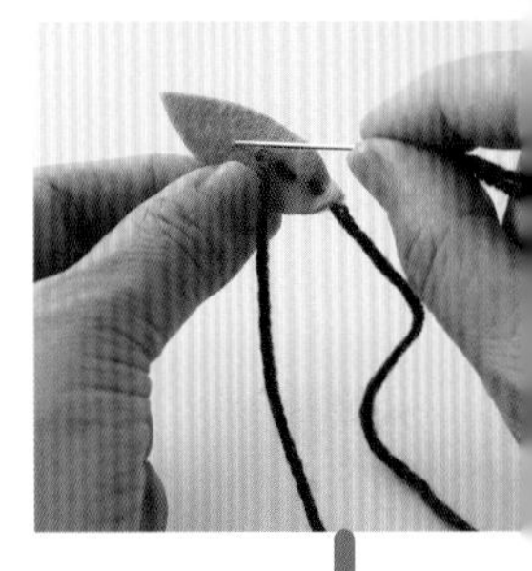

④ 同じように並べた葉の順番に刺す。3枚の葉がつながったところ。

どんぐりの通し方

どんぐりに毛糸を通す場合は、2種類の刺し方がある。向きに気をつけて刺す。

A ウッドビーズの穴から刺して帽子から針を出す

B 帽子から刺してウッドビーズの穴から針を出す

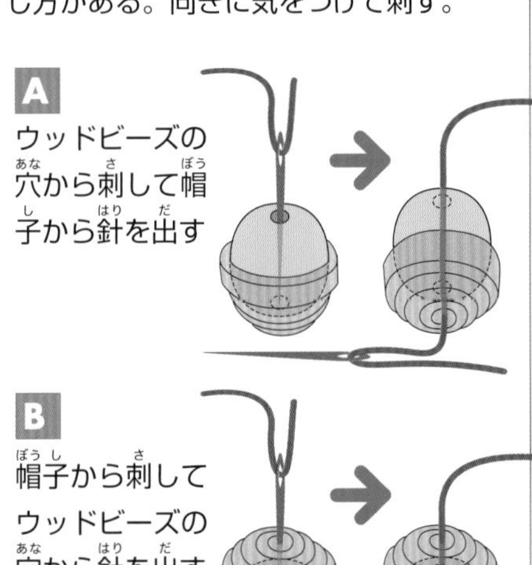

5 どんぐりをつなげる

① 緑のどんぐりのビーズの穴に針を入れて毛糸を通す。どんぐりの通し方 A 参照。

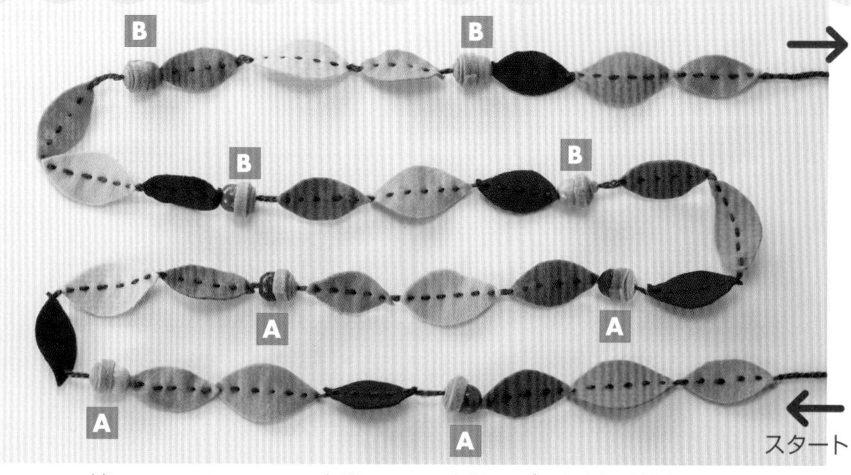

② 同じように、葉とどんぐりをつなげていく。★どんぐりの通し方には A と B の2種類あるので注意。図と写真を参照。

6 両端にカエデとどんぐりをつける

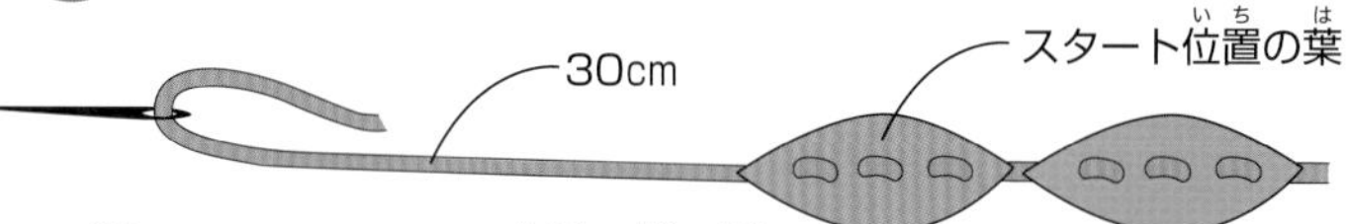

① 残しておいた30cmの毛糸を針に通す。

② カエデの葉のウラから針を入れる。スタート位置の葉から6cmはなして、オモテでひと針ぬう。

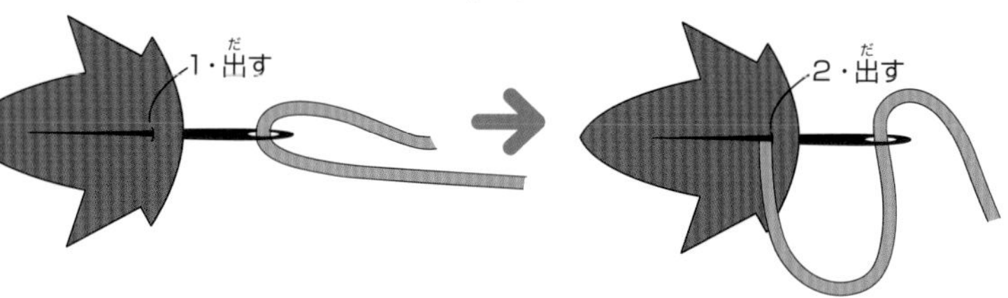

③ ピンクのどんぐりの帽子側から針を通し、カエデの葉にぴったりつける。

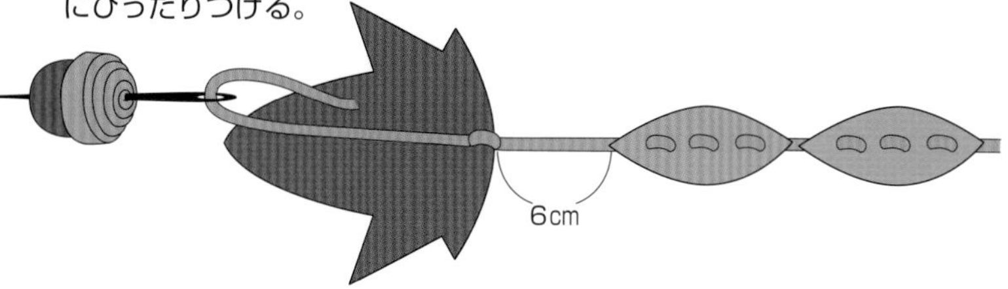

④ どんぐりの外に出た残りの毛糸はひと結びして針で玉どめをする。★玉どめはカバーウラ参照。

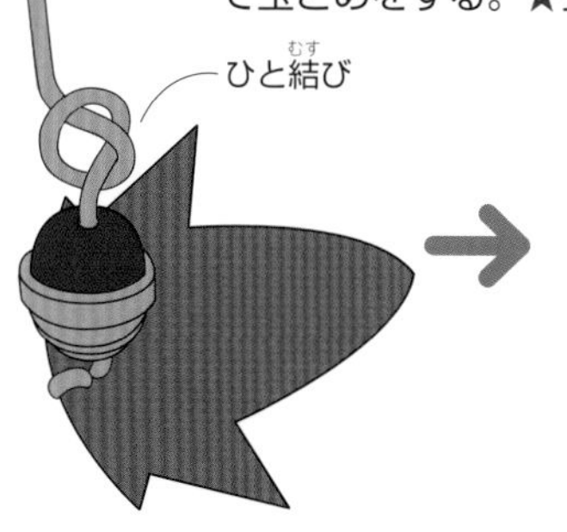

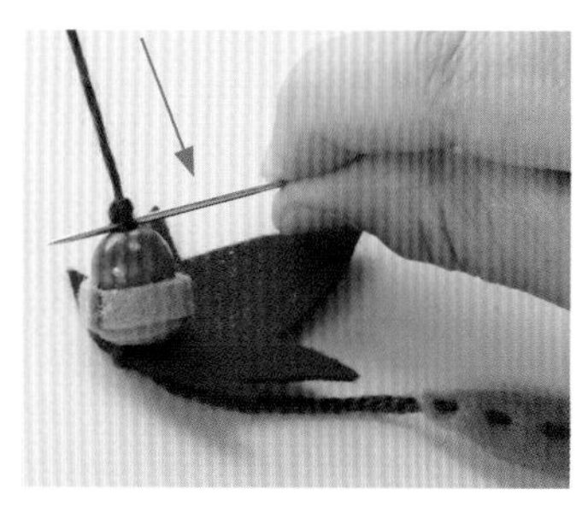

⑤ 玉どめにヘラでボンドをつける。

⑥ ビーズの穴にボンドをぬり、玉どめをビーズの穴に押しこむ。ビーズから出ている余分な毛糸をはさみで切る。

⑦ ボンドが乾くまで5分以上おいておく。もう片方のカエデとどんぐりも同じようにつける。

フェルトで作る ねこのポシェット

大好きなねこをイメージしてフェルトでポシェットを作ろう。ボンドでパーツを貼りつけたら、まきかがりでぬい合わせてできあがり！

クロネコ

ミケネコ

茶ネコ

型紙はカバーウラ参照。

design:Yasuko Endo

用意するもの

★チロリアンテープとは、アルプスのチロル地方の民族衣装の刺しゅうがほどこされた飾り用のテープのこと。手芸店などで買えるよ！

★フェルトにボンドをぬり、アイロンする時は、必ず当て布をしよう。アイロンで押さえたら、冷めるまでそのままおいておくとしっかり貼りつくよ！

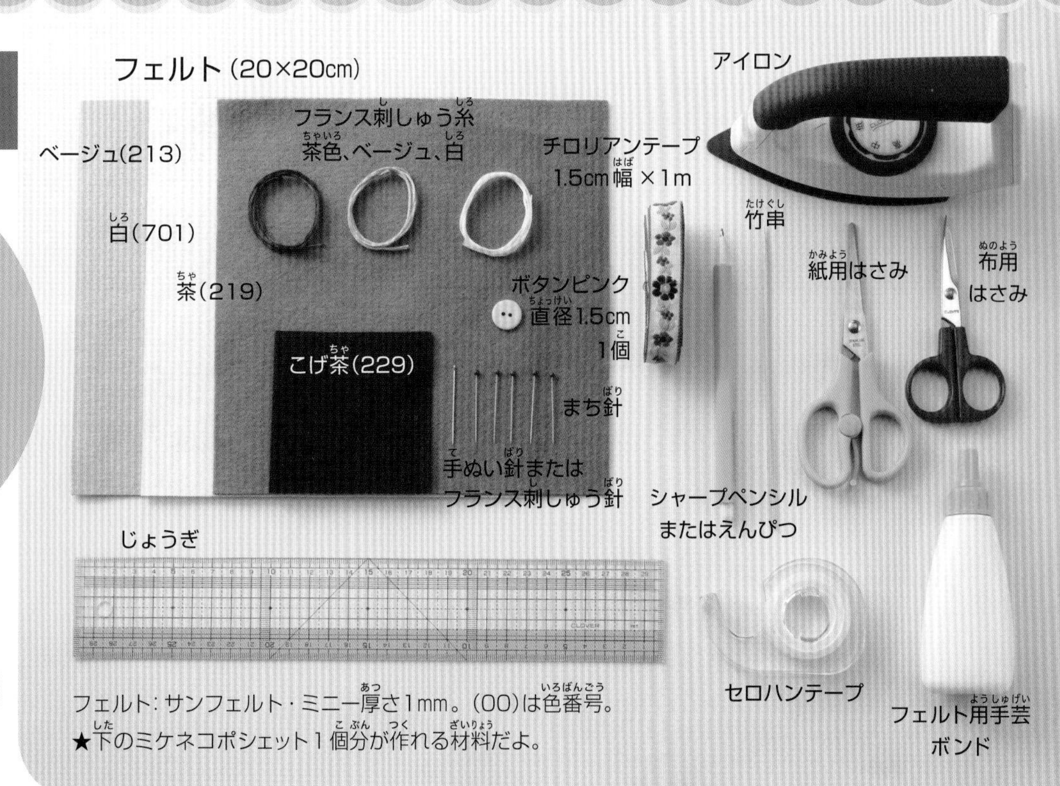

フェルト: サンフェルト・ミニー厚さ1mm。(00)は色番号。
★下のミケネコポシェット１個分が作れる材料だよ。

お散歩にお買い物
一緒につれて
いってね！

作る手順

1 顔のパーツを切る

2 耳をつける

3 顔の刺しゅうをする

4 鼻にボタンをつける

5 ダーツをぬう

6 顔の後ろ側を切る

7 テープとフタをつける

8 顔(前)と顔(後ろ)をつけてぬいあわせる

9 ボタンの穴を開け、目をつける

Start!（スタート） ねこのポシェットの作り方

アイロンは当て布をして。やけどに注意！

1 顔のパーツを切る

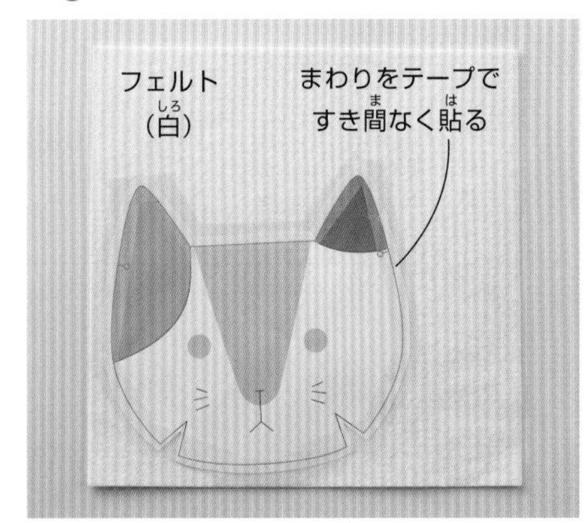

❶カバーウラの顔の型紙をのりしろをつけて切る。型紙をフェルトにのせて、セロハンテープでとめる。

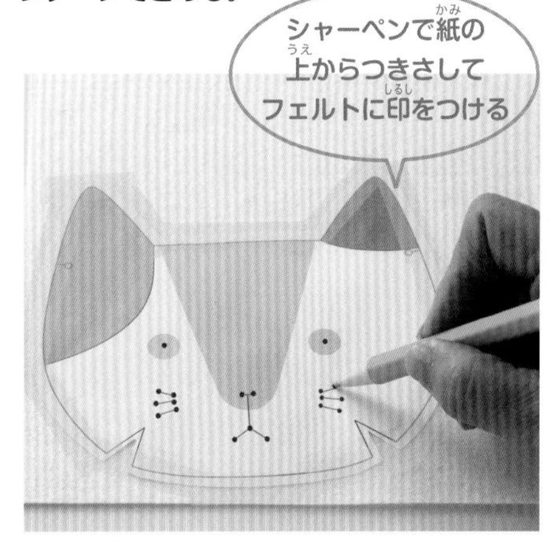

❷目、鼻、ひげの位置に点を打つ。

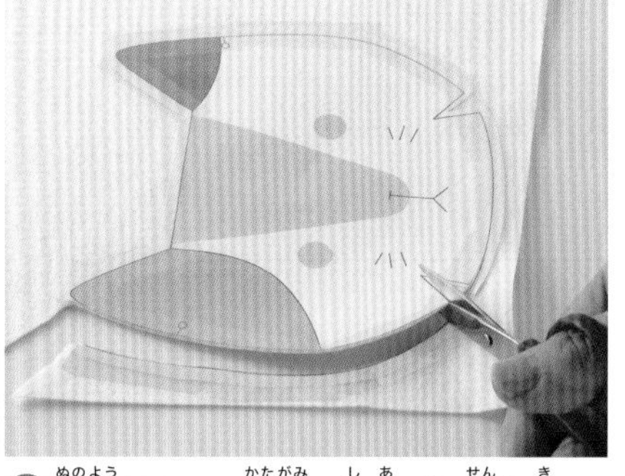

❸布用はさみで型紙の仕上がり線を切る。カーブはすこしずつ切る。ダーツは先端までしっかり切る。

目は小さいはさみを使うと切りやすいよ！

目
(ベージュ、こげ茶)
耳A
(茶)
顔
耳B
(こげ茶)

❹耳は①と同じように型紙をセロハンテープでとめて切る。顔の土台に耳をのせて、りんかくがそろっているか確認する。

2 耳をつける

❶耳のウラにボンドをぬり、竹串で均一にのばす。左耳も同じようにぬる。顔のりんかくに合わせて耳を貼る。

❷ボンドが乾いてきたら中温にしたアイロンで押さえる。
★必ず当て布をして、上から2～3秒ずつおさえるように位置をずらしながらかける。

刺しゅうのきほん

6本の細い糸がより合わさった25番刺しゅう糸。この細い糸を、使う本数だけ引きぬいてそろえ、針に通して使う。必要な糸の本数は「3本どり」というように表す。

糸のあつかい方

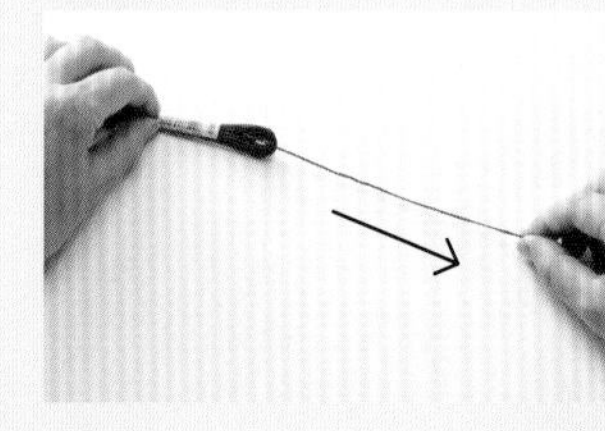

❶ラベルを押さえて糸端を引き出し、約50cmの長さに切る。
★長すぎると、糸がからまるので注意。

❷6本の束から、使用する本数を1本ずつ引きぬき、糸端をそろえ直す。

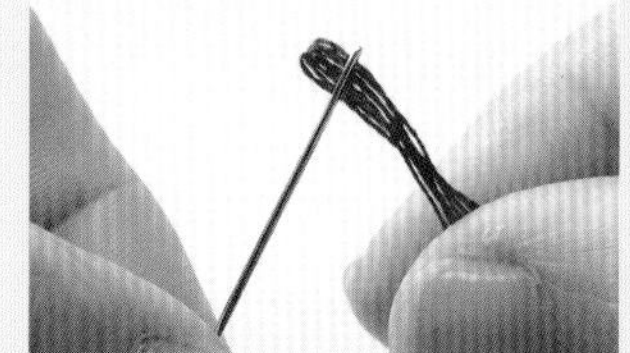

糸の通し方

❶糸端を針に当てて折り、指でしっかり押さえて、矢印の方向に針を抜く。

❷糸の折り山を針穴に押し入れ、片端を針穴から引きぬく。

3 顔の刺しゅうをする

❶ 3本どりにしたこげ茶の刺しゅう糸を針に通し、玉結びをする。
★玉結びはカバーウラ参照。

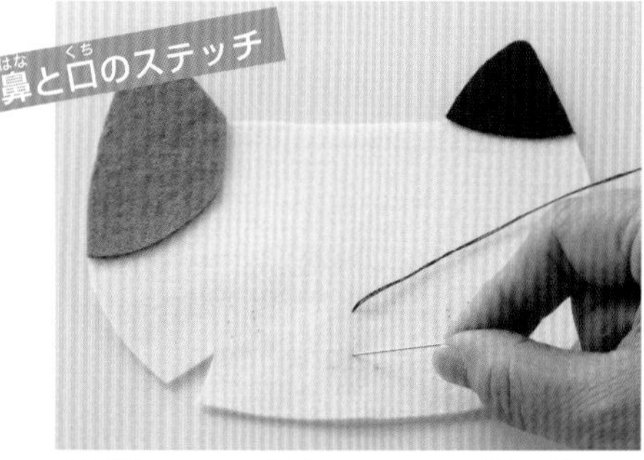

❷ 鼻のボタン位置のウラから針を出して下のステッチ図のとおりに刺しゅうする。

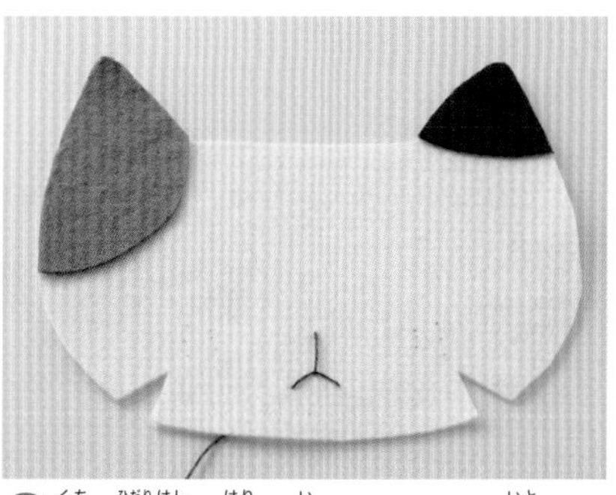

❸ 口の左端に針を入れ、ステッチ糸がつれないように糸を引き、玉どめをして糸を切る。★玉どめはカバーウラ参照。

❹ 刺しゅう糸を3本どりにして針に通し、玉結びをして左側のひげのいちばん上の位置のウラから針を出す(刺し方図参照)。

❺ 反対側も同じように刺しゅうをし、終わったらウラで玉どめをしっかりとめる。

番号順に針を入れたり出したりしてね！

鼻と口のステッチ

❶ 1・出す 2・入れる

❷ くぐらせる 4・入れる 3・出す

❸

ひげのステッチ

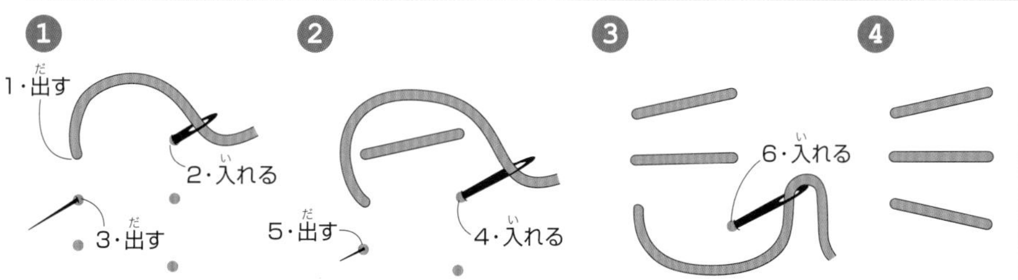

4 鼻にボタンをつける

❶ 針に3本どりにした白の刺しゅう糸を通し、玉結びをする。

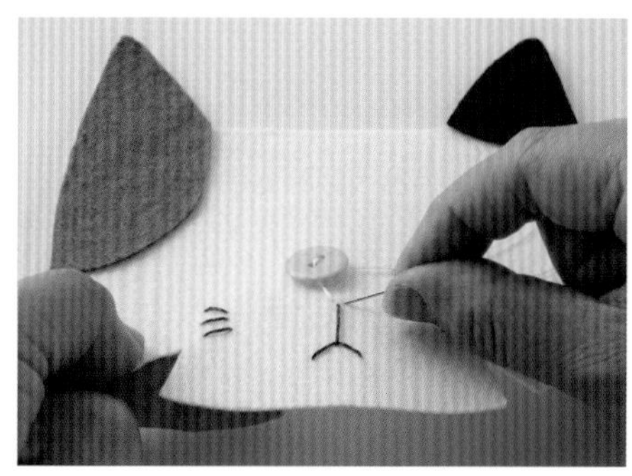

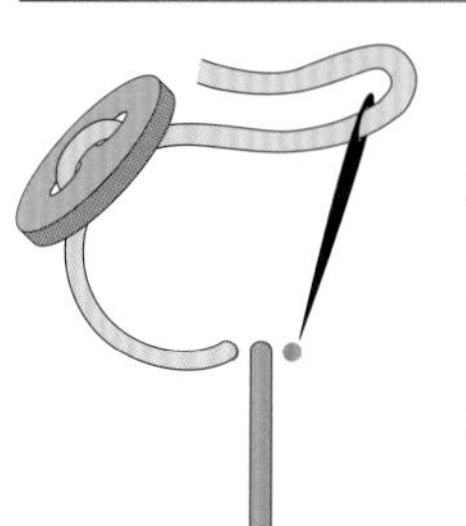

❷ 鼻(ボタンつけ位置)の印から針を出して、ボタン穴に糸を通す。

❸ ボタン穴に針を通し、ボタンつけ位置を1針ぬう。これを2回くり返す。

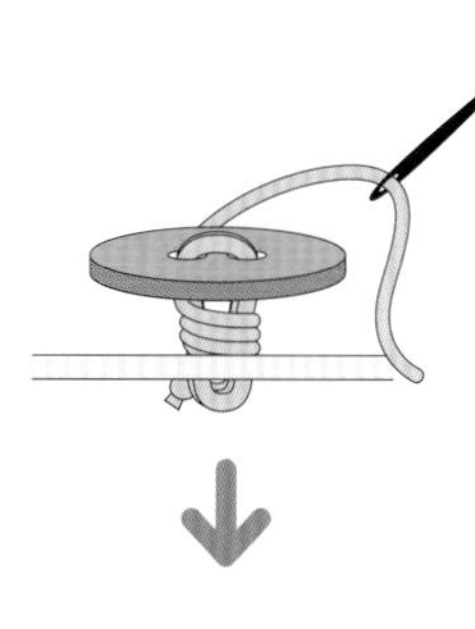

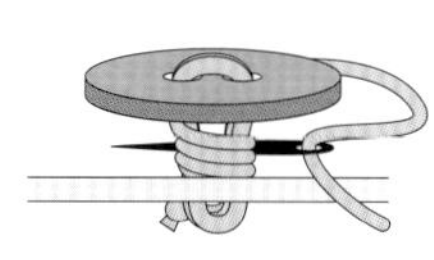

❹ ボタンと布の間の糸に、糸を2～3回まきつけ、その部分に1回針を通す。針をウラに出して、玉どめをする。

5 まきかがりぬいで ダーツをぬう

❶ 白の刺しゅう糸50cmを2本どりにし、針に通し、玉結びをする。

❷ 図のように二つ折りして左のダーツ部分を重ねる。

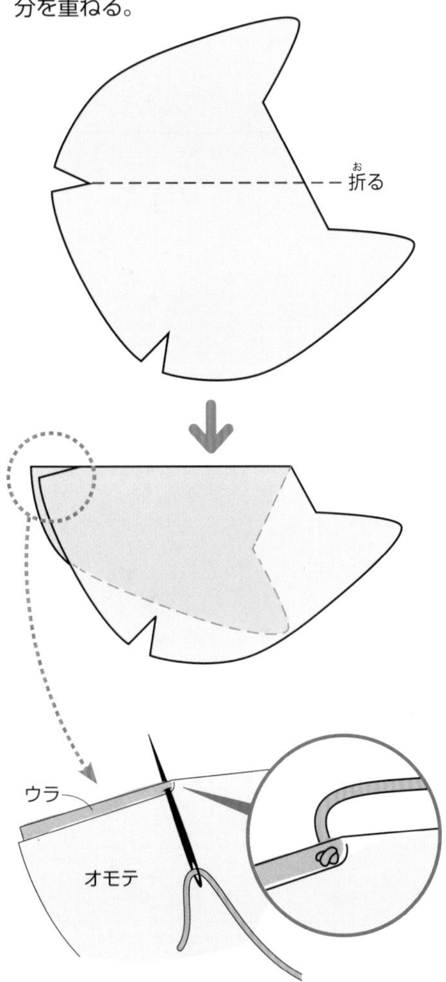

❸ 左のダーツを重ねて、玉結びがかくれるように、向こう側の布のウラから針を入れる。

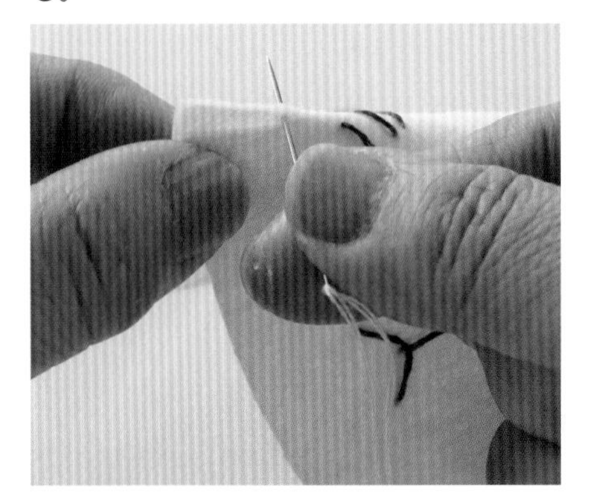

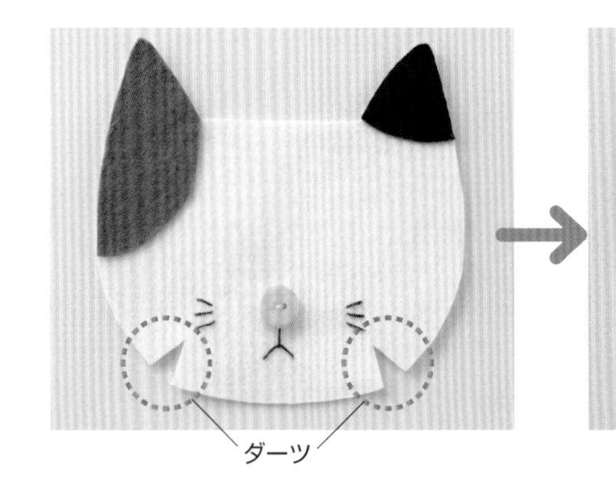

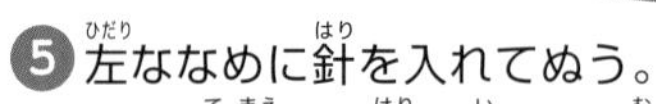

❹ 手前側のオモテから針を入れ、①と同じところから針を出す（2枚いっしょにぬう）。
★もう一度同じようにぬうと、ぬい目が強くなるよ。

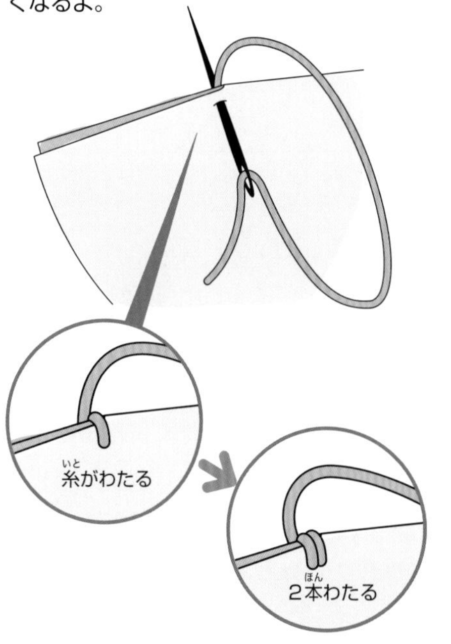

❺ 左ななめに針を入れてぬう。
★つねに手前から針を入れて、向こう側に出す。

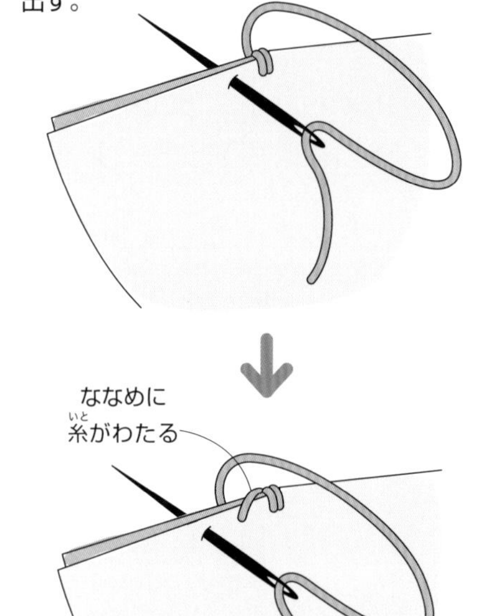

❻ 端までぬい終えたら、ぬい始めと同じように2回糸をわたし、ぬい目を強くする。
★2枚の間から針を入れて、ウラで玉結びをする。

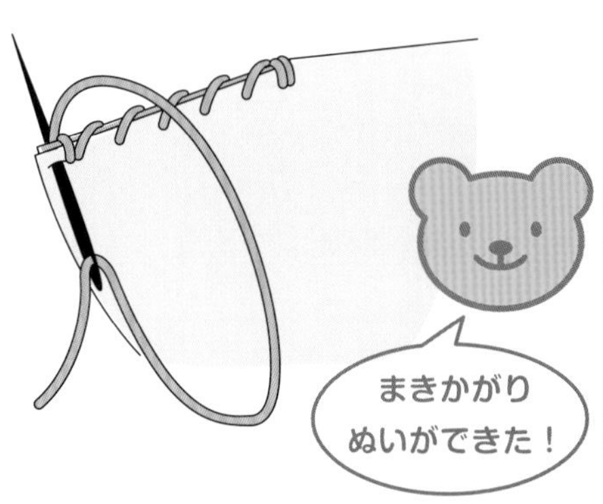

❼ 同じように右側のダーツをぬう。

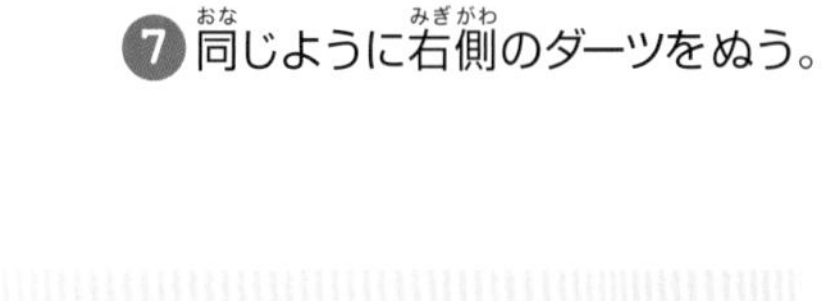

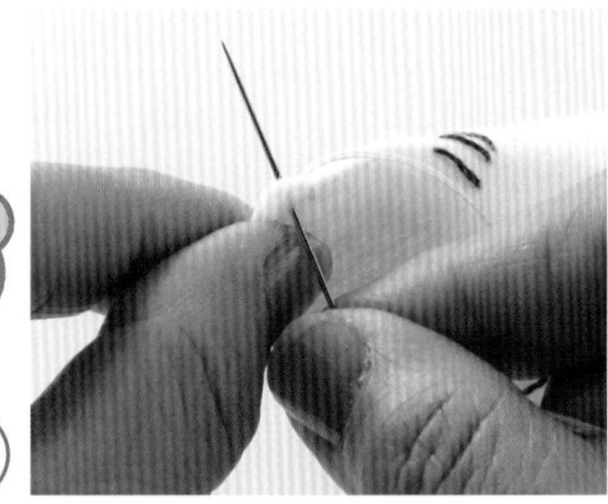

6 顔の後ろ側を切る

❶ のりしろをつけた顔(後ろ)の型紙をフェルトにのせて、セロハンテープでとめる。

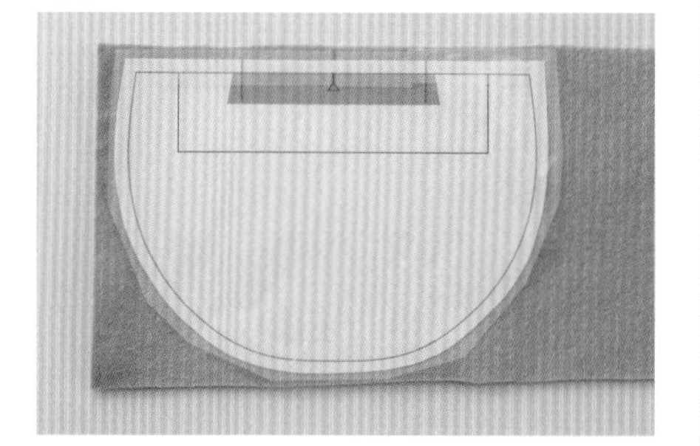

❷ 印をつける。目立たないように、シャープペンシルで紙の上から点を打つ。

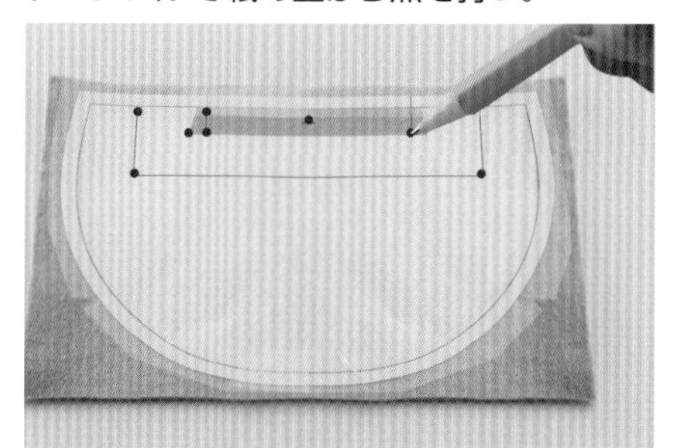

❸ 布用はさみで型紙のできあがり線を切る。

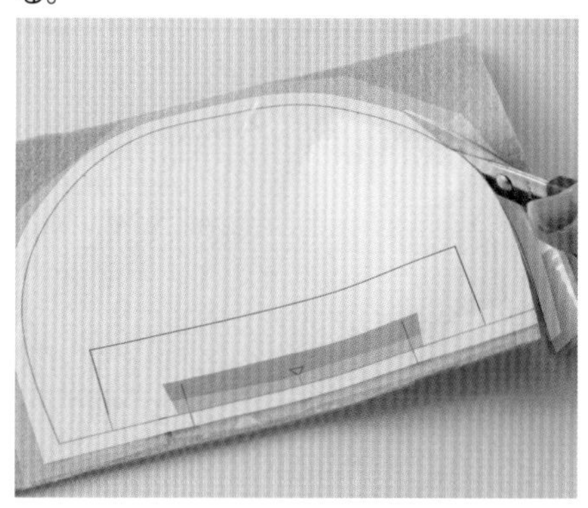

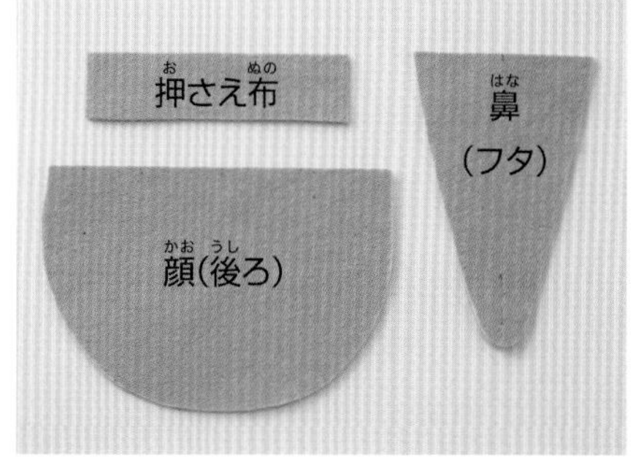

❹ ①〜③と同じように押さえ布、鼻(フタ)を切る。印のつけ忘れに注意する。

7 テープとフタをつける

❶ 1mのチロリアンテープを用意する。
★テープは長いので、ねじらないように。

❷ 顔(後ろ)のウラ面に写真のようにボンドをぬる。

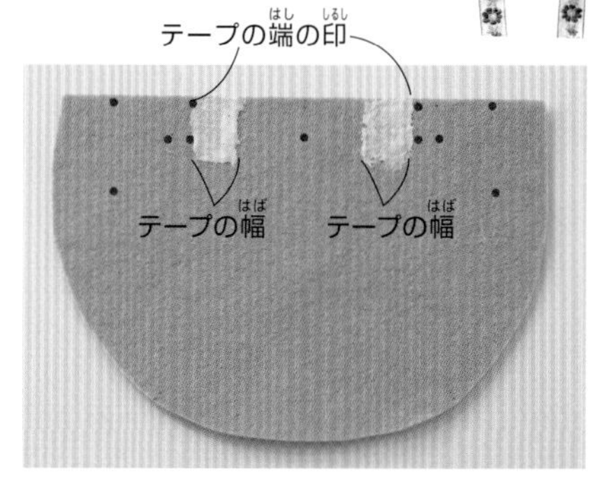

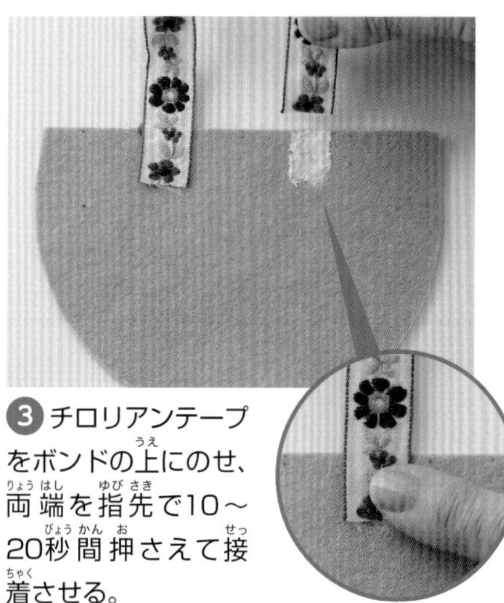

❸ チロリアンテープをボンドの上にのせ、両端を指先で10〜20秒間押さえて接着させる。

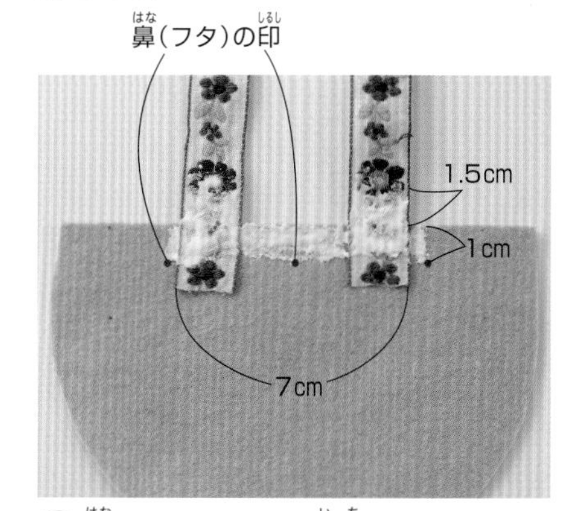

❹ 鼻(フタ)をつける位置に、ボンドをぬる。チロリアンテープは、はがれやすいのでボンドをしっかりつける。

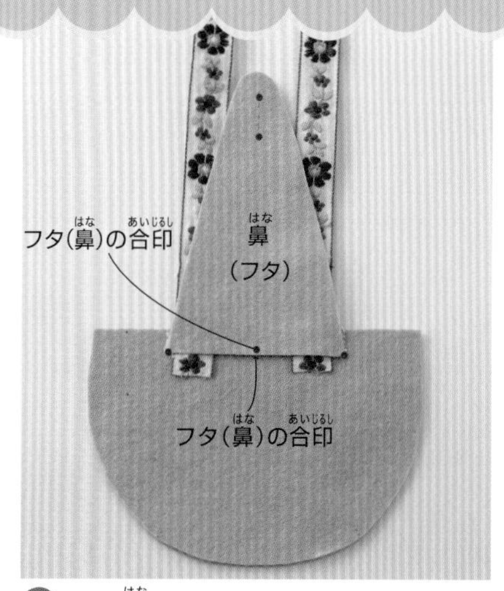

❺ ④に鼻(フタ)をのせ、ずれないように押さえる。

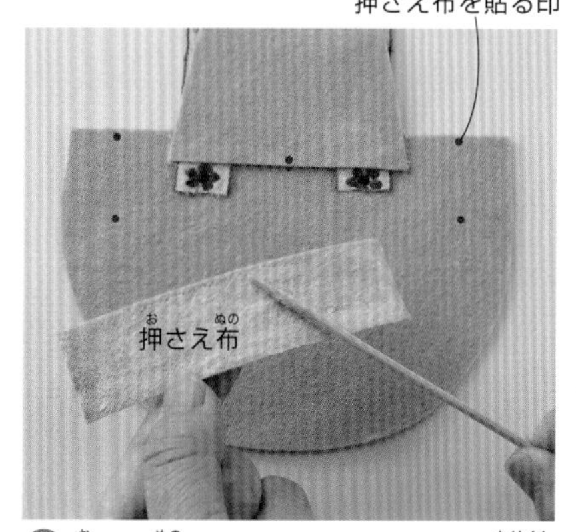

❻ 押さえ布のウラにボンドをぬる。竹串を使ってボンドを均一にのばす。

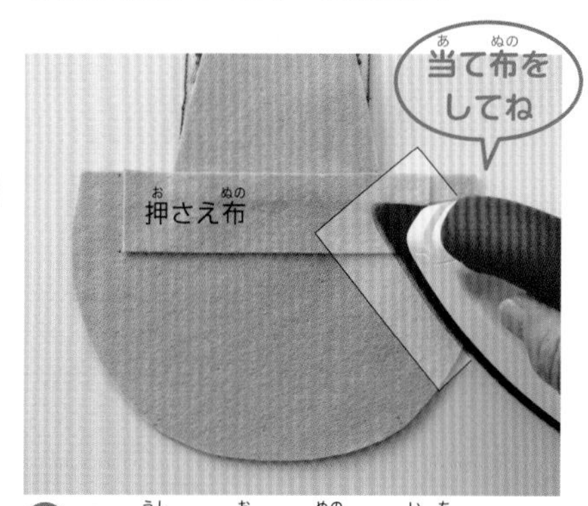

❼ ⑥を後ろの押さえ布つけ位置にのせ、中央から外側に向けて貼る。

❽ アイロンは3〜5秒ずつ上から押さえるように移動させながらかける。

8 顔（前）と顔（後ろ）をつけてぬい合わせる

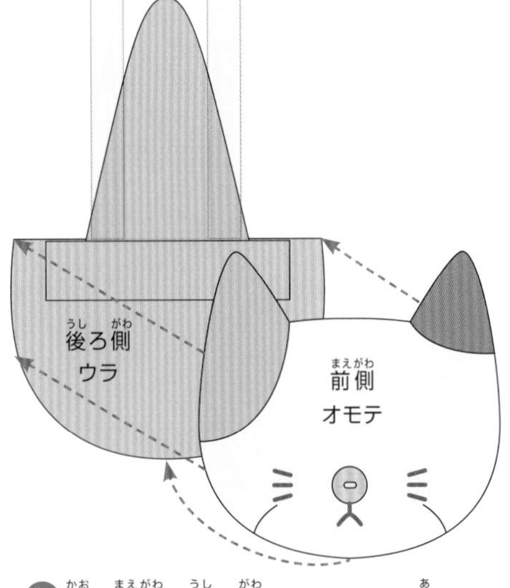

❶ 顔の前側と後ろ側のりんかくを合わせて重ねる。

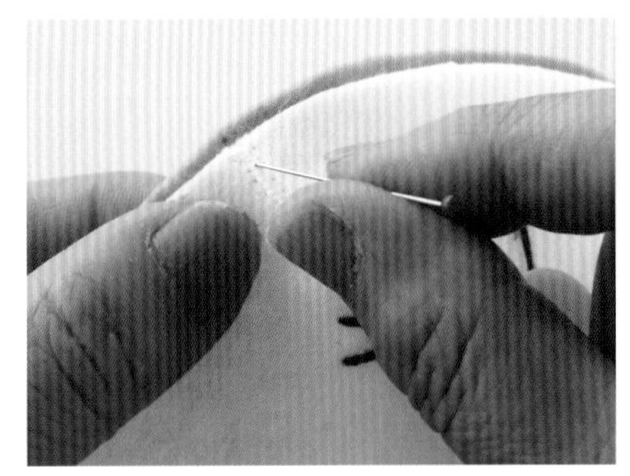

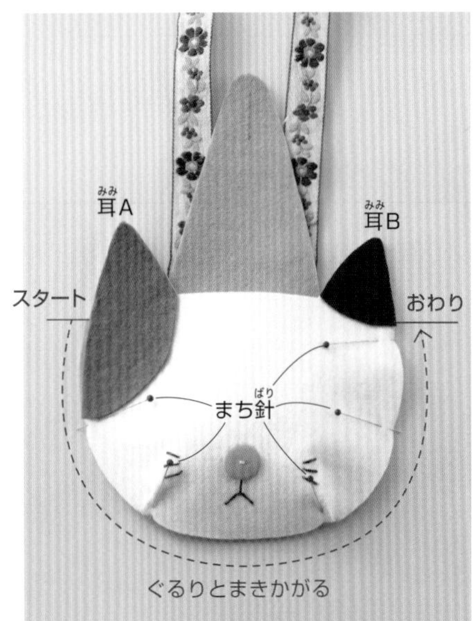

❷ 写真の位置をまち針でとめる。顔のふくらみがつぶれないように注意する。

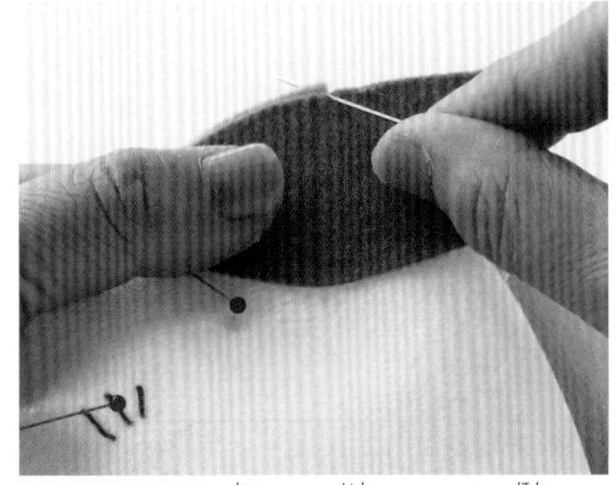

❸ ベージュの刺しゅう糸50cmを2本どりして、針に通して玉結びをする。耳Aのふちと、顔(後ろ)のふちを合わせ、2、3回まきかがりをする。

★まきかがりは **5** 参照。

❹ 耳Aからほっぺたまでをていねいにかがる。

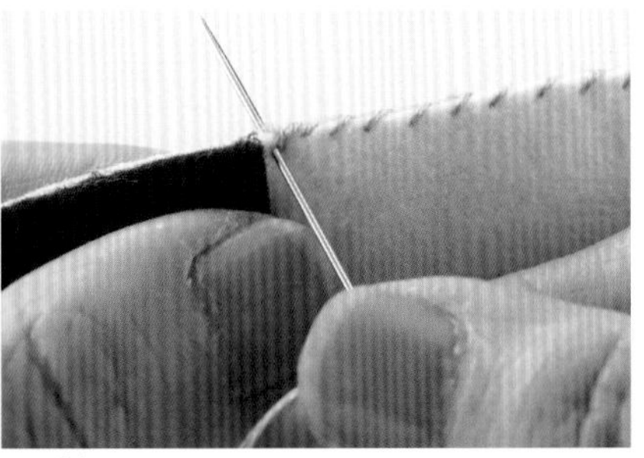

❺ 耳Bまでまきかがりをする。ぬいどまりは2～3回同じ位置でまきかがりをする。ウラ側に針を出し、玉どめして糸を切る。

9 ボタンの穴を開け、目をつける

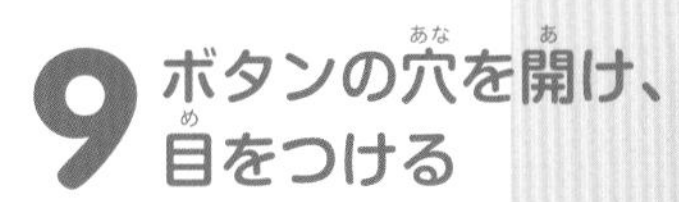

❶ 鼻(フタ)の切りこみ位置をたて半分に折り、はさみで切る。

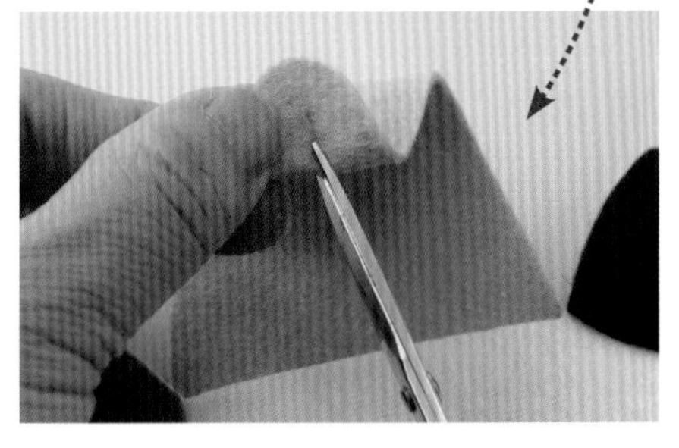

❷ P.36で切った外側の目とひとみを布用ボンドで貼る。

❸ 目のウラにボンドをぬり、顔の目のつけ位置に貼る。

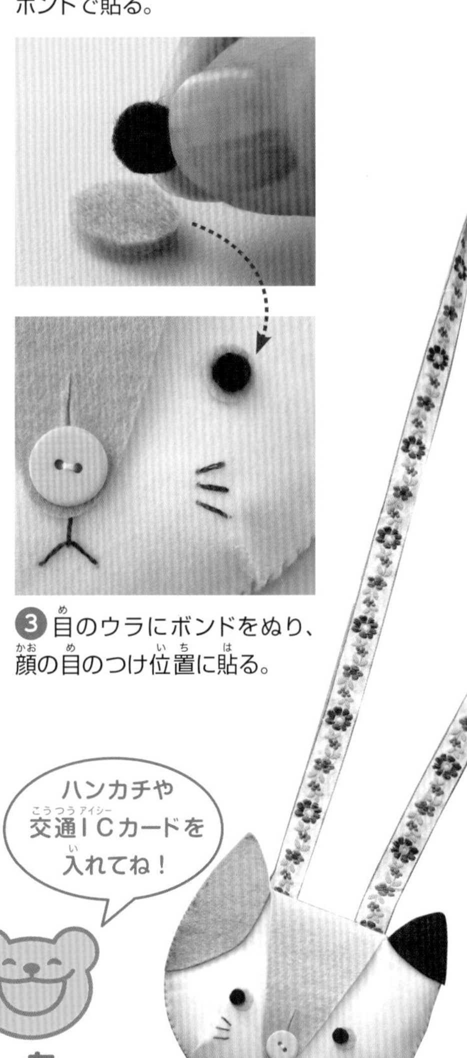

ミニ織りで作る
ポケットバッグ

日本の伝統工芸でもある織りのテクニックで、小さな毛糸のバッグを作ろう。厚紙にたて糸を張り、よこ糸を通してフォークで織っていく楽しい作業だよ。

用意するもの

★台紙は、厚紙(ボール紙)のほか、うす手のダンボールなどでもOK。

★麻ひもは荷づくり用を使用。アクセサリー用の麻糸や、細ひも、タコ糸など、じょうぶな糸なら使えるよ。

織物についてのマメ知識

織物の歴史

織物は、布を作る方法として、はるか昔から親しまれてきた伝統的な技法です。古代エジプトなどでも織物の記録があり、その後、世界中のあちこちで、さまざまな織り方が生み出されたそうです。暑い国では綿(コットン)や麻など、通気性のいい素材を使った織物が生まれ、寒い国では羊などの毛を使った暖かい織物が発達するなど、それぞれの地域に合った布が作られてきました。現在、服やインテリアなどに使われる布の多くは、工場などで機械を使って織られたものですが、古くは手で一本ずつ糸を通す、手織りで作られていました。今でも世界や日本の各地に伝統的な手織りの技法が残り、地域を代表する工芸品として愛されています。

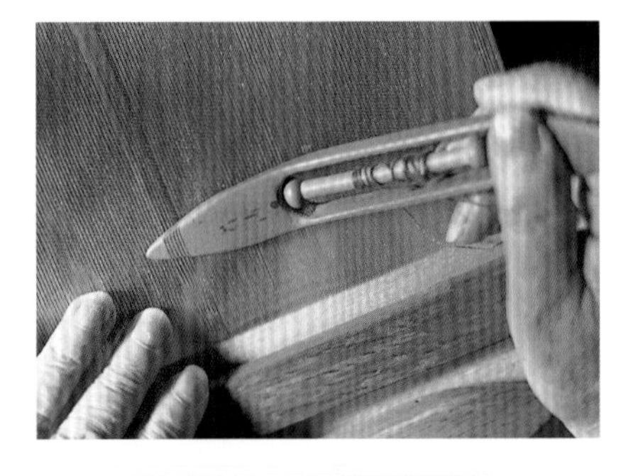

たて糸とよこ糸

一般的な織物はたて糸とよこ糸からできていて、異なる素材の糸が使われます。きほんの「平織」は丈夫な糸(たて糸)をたてに張り、間をぬって、直角に交わるように別の糸(よこ糸)を往復させて織っていきます。よこ糸にはいろいろな糸が使われ、太い糸や毛の長い糸など、変わった糸を使うと、表情のある織物になります。

織物の種類

丸や四角の厚紙を使うカード織から、木製の織機を使うものまで、同じ手織りでも使われる道具・技法はさまざまです。また、すべての織物は、たて糸とよこ糸の交わり方の違いによって「平織」「綾織」「繻子織」などに分類され、平織だけでも、使う糸によって綿織物、麻織物、毛織物、絹織物などたくさんの種類に分かれます。

日本の染め織り：Yoshiharu Ohtaki/studio SEEK　モロッコの絨毯：naokina / PIXTA

スタート **Start!**

ミニ織りのポケットバッグの作り方

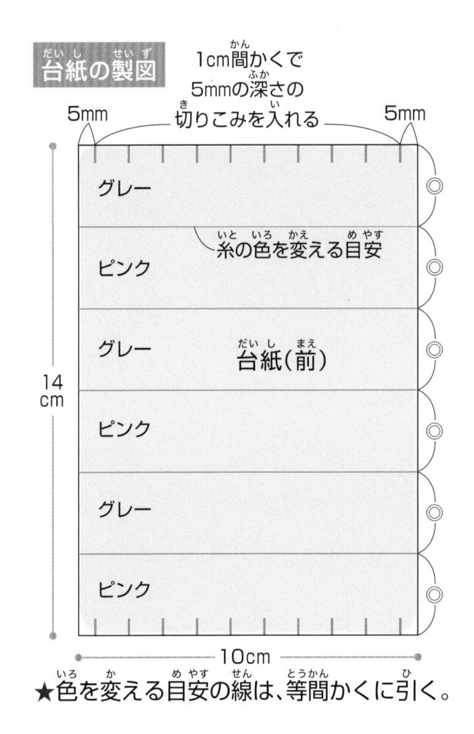

★色を変える目安の線は、等間かくに引く。

1 カード台紙を作る

❶左の図を参考に、10×14cmに切った厚紙に、切りこみの印をつける。

❷紙用はさみで、上下に5mmの深さの切りこみを入れる。

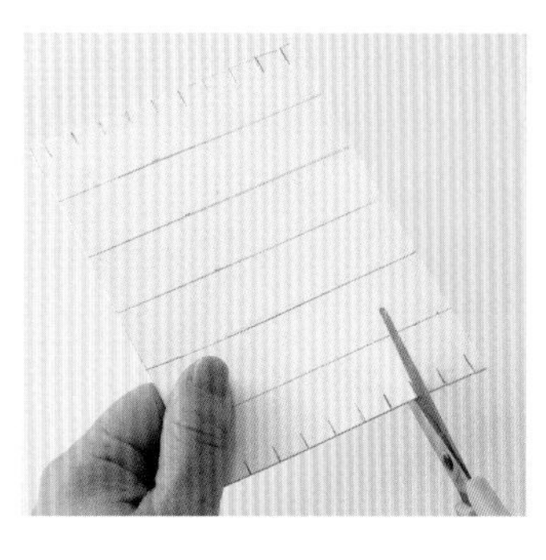

2 カード台紙にたて糸をかける

❶丸カンに、たて糸用麻ひも(約3.2m)を通し、輪を作る。

❷輪にしたたて糸を、糸端が後ろにくるようにして、左端の切りこみにかける(丸カンは上にくる)。

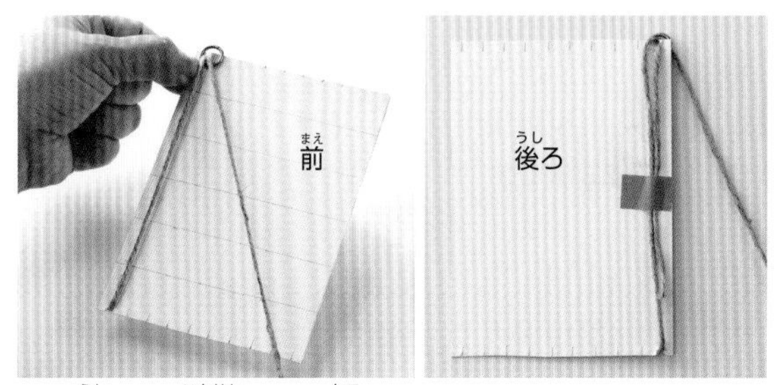

★後ろで、糸端とたて糸をマスキングテープでとめる。

❸図を参考に、❶→❷→❶→❸…といった順に糸をかけ、上でとなりの切りこみに糸をわたしていく。

❹⓳の糸をかける前に丸カンを通し、⓴→丸カン→⓳にかける。

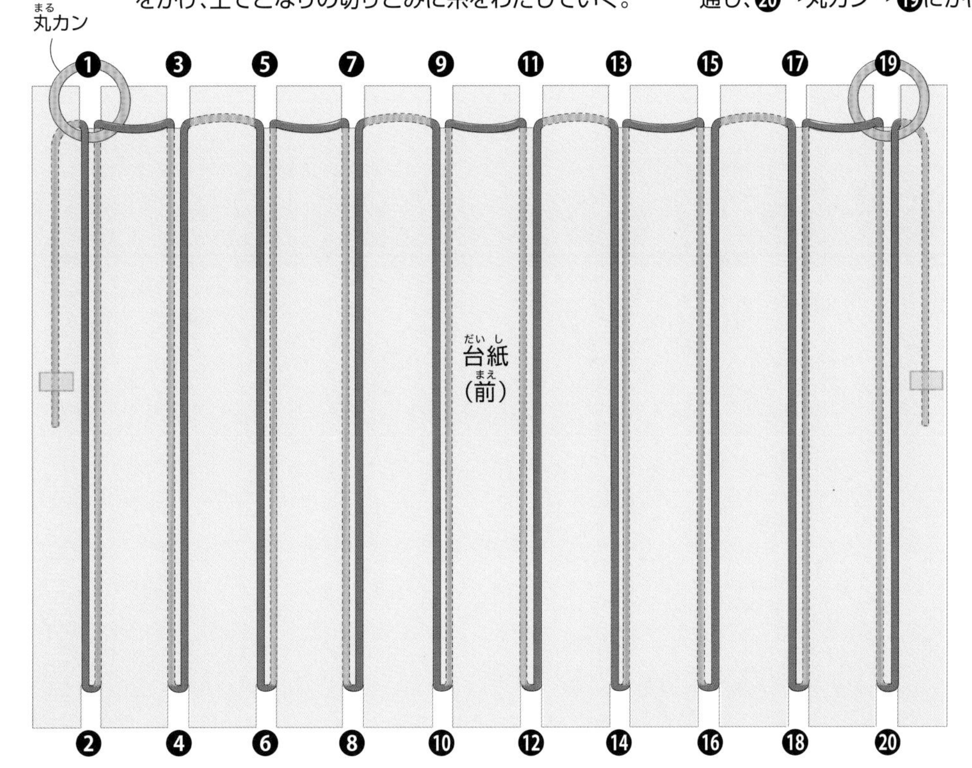

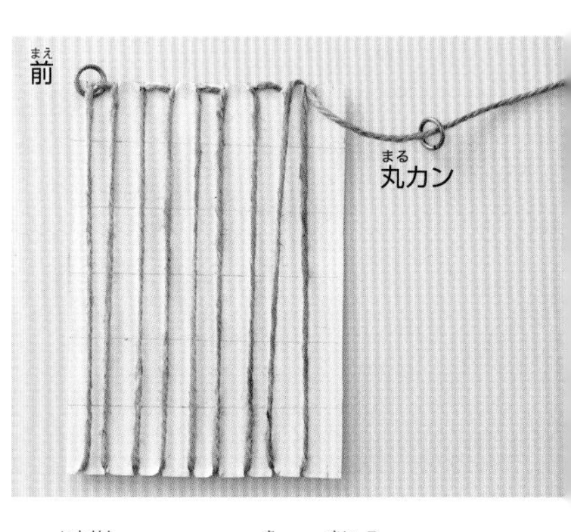

❺糸端を10cmに切り、最後のたて糸と一緒に、テープで後ろにとめる。

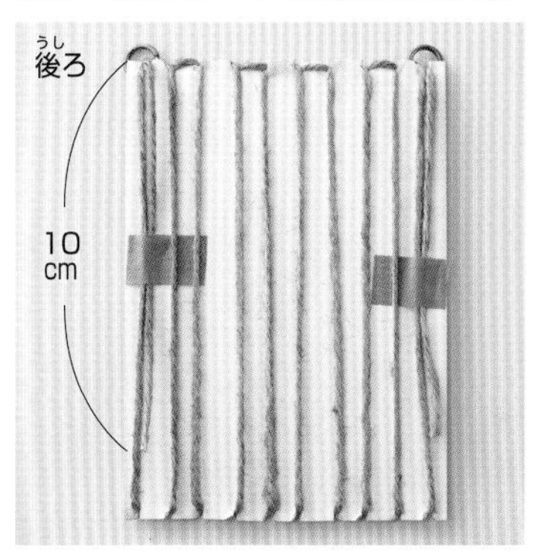

3 よこ糸を通して前を織る

❶よこ糸用の毛糸を150cmに切り、とじ針に通す。右端から、たて糸を1本おきにすくう。
★よこ糸は、長く切るとからまりやすくなるよ。
★3本くらいすくったら、針を引いてよこ糸を通す。

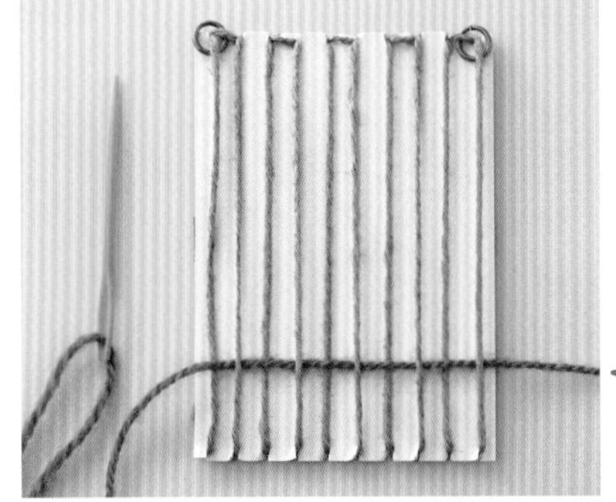

❷左端まで通して糸を引く。
★よこ糸がたて糸に交互に通っているか確認する。

糸端は15cm残してね

❸フォークでよこ糸を下端まで寄せる。

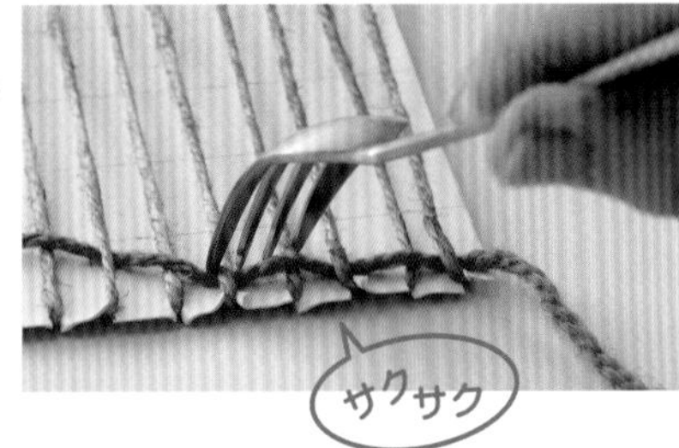

4 台紙をウラ返して後ろを織る

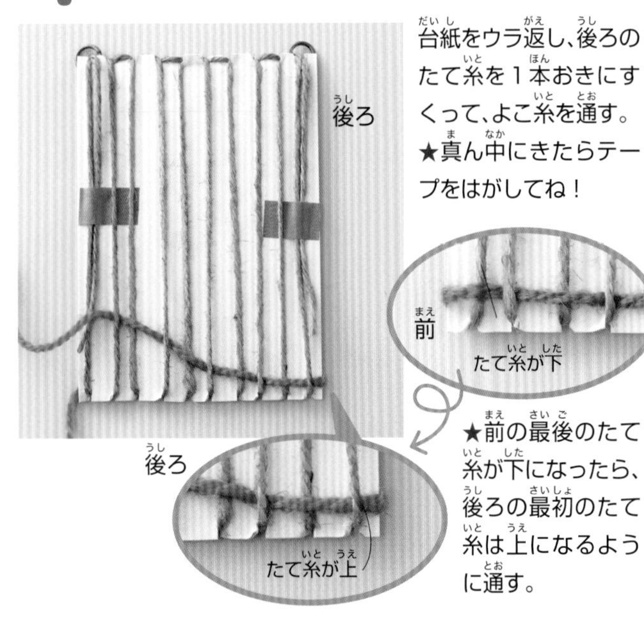

台紙をウラ返し、後ろのたて糸を1本おきにすくって、よこ糸を通す。
★真ん中にきたらテープをはがしてね！

★前の最後のたて糸が下になったら、後ろの最初のたて糸は上になるように通す。

5 3・4をくり返し、目安線まで織る

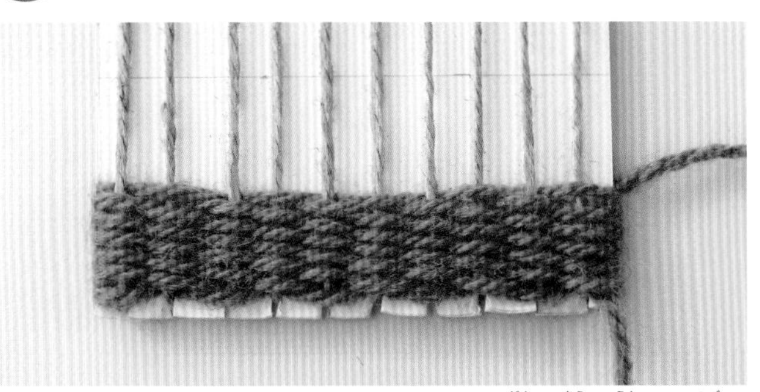

【1段＝前と後ろを続けて1周織る】をくり返し、色を変える目安線まで織る。
★最終段が終わったら、前のたて糸3本にくぐらせて糸を切る。

よこ糸をつぎたす

よこ糸が台紙の幅より短くなったら、新しいよこ糸に変えよう。

よこ糸の色を変えるときも、同じようにするよ！

❶新しい糸を針に通し、前の糸の終わりから、たて糸5～6本もどったところに針をくぐらせる。

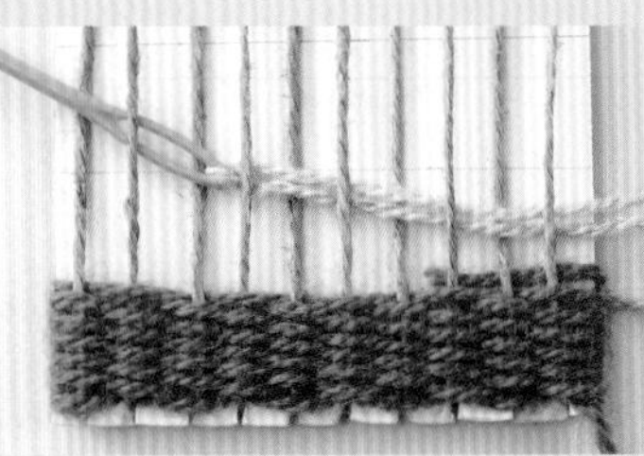

❷3本ほどくぐらせたら、続きを織り進む。
★すくうたて糸が前段とちがうのを確認してね！

❸フォークでよこ糸を寄せて、織り目を整える。

6 色を変えて織る

左ページの糸の変え方を参考に、2色めの糸で同じ段数を織る。同じようにして、2色の糸を交互に織り、シマシマにする。

残ったよこ糸は
糸始末に使うよ。
切らずに残してね！

7 たて糸をはずして、台紙をぬきとる

いちばん上まで織ったら、台紙の上の切りこみから、たて糸をはずす。
★糸を引っ張りすぎると、形がくずれるので、注意してね！

ゆっくり
引きぬいて！

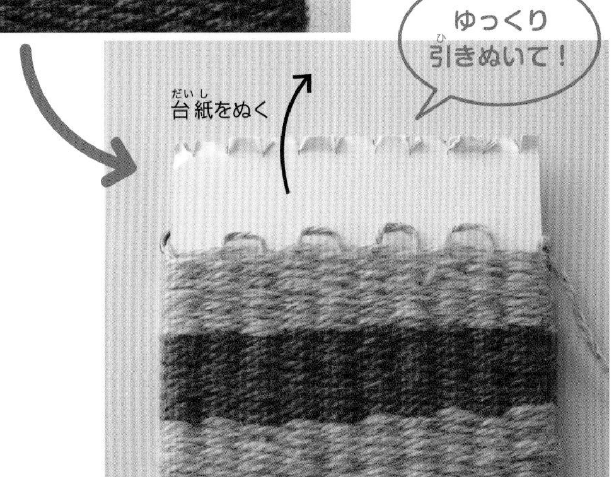

8 よこ糸を始末する

ぐるりと1周
くぐらせて！

❶ 残しておいたよこ糸を、たて糸のループに手前からくぐらせる。

❷ 1周くぐらせたら、入れ口から底に向かって、織り目に針を通す。

❸ 糸を少し強く引いて切り、織り目を整える。
★糸端が織り目に入ってかくれるよ。

❹ ②・③と同じようにして、織り始めの糸端を、織り目に通して始末する。

袋の完成！
つけはずしのできる
持ち手をつけたら
すぐに使えるよ！

9 三つ編みの持ち手をつける

1 グレー(80cm・2本)とピンク(80cm・1本)の毛糸をそろえ、丸カンに通して半分に折る。

2 糸を同じ色で2本ずつに分け、糸端が6cm残るように、三つ編みする。

3 反対側の丸カンに通して結ぶ。

ちょっとアレンジ ひと工夫 市松格子柄の織り方

用意するもの

- 台紙 … きほんと同じように、麻ひもをかけ、丸カンを通す
- 並太毛糸…青・グレー
- とじ針…2本
- フォーク
- はさみなど

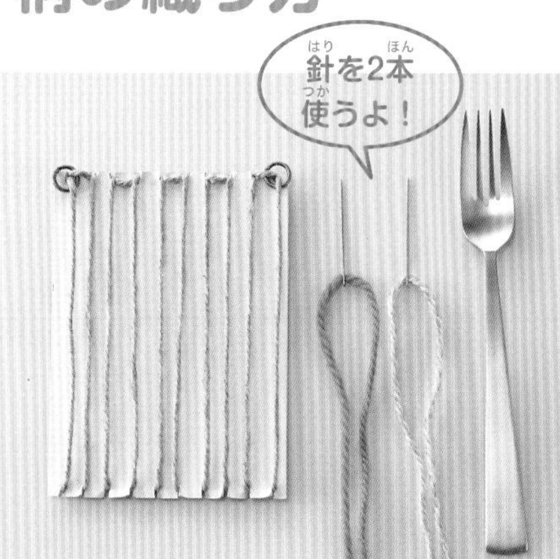

1 1つ目のもようを織る

1 よこ糸(青)を通した針で、たて糸を1本おきにすくい、1段めを通す。
★よこ糸がたて糸の右から順に、下→上→下→上→下…になる。
★1段目の糸は、切らずにそのままにしておく。

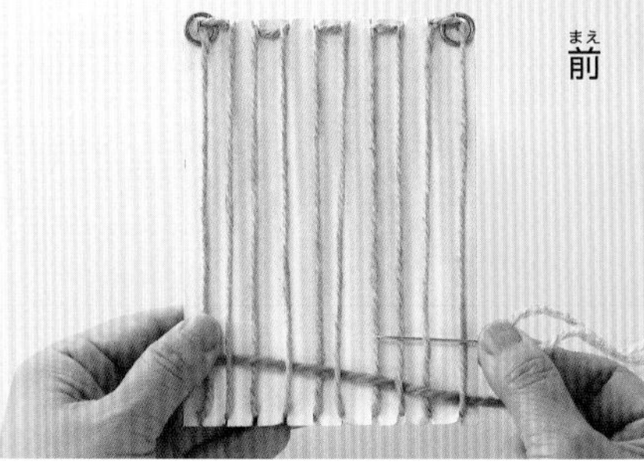

2 よこ糸(グレー)を通した針で、1段目とちがうたて糸をすくう。
★よこ糸がたて糸の右から順に、上→下→上→下→上…になる。

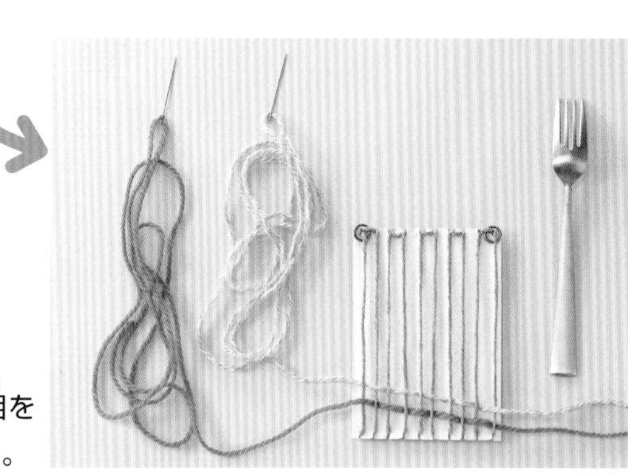

1段目・2段目を通したところ。

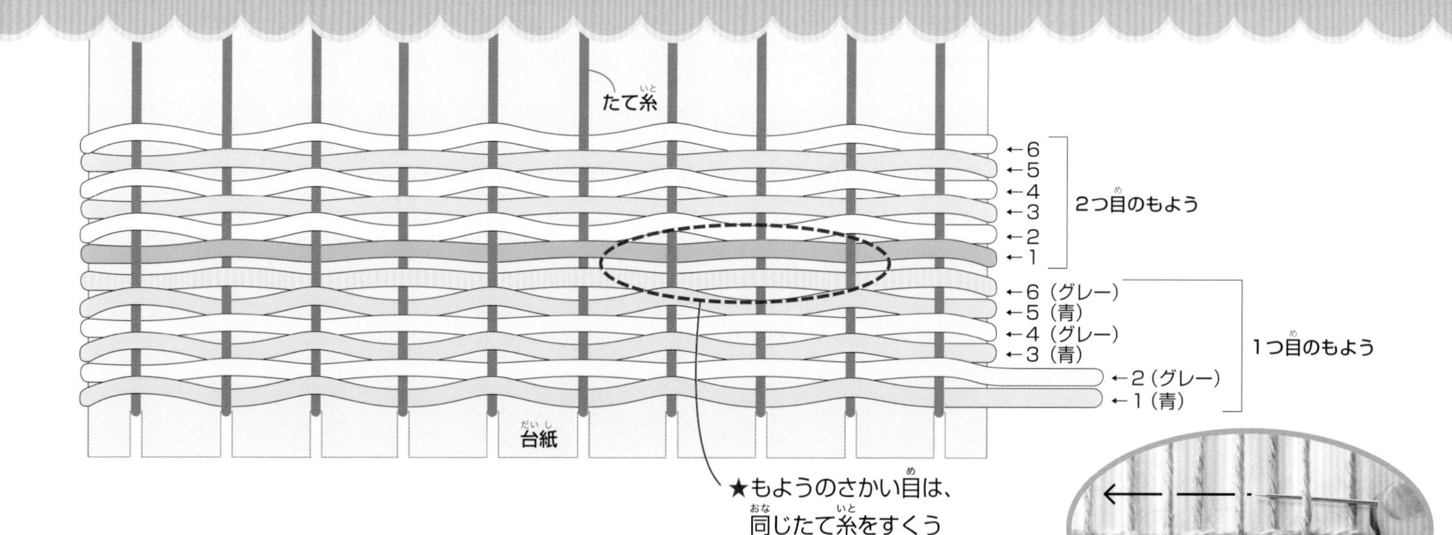

❸ フォークでよこ糸を1本ずつ下端まで寄せ、織り目を整える。★糸端はそれぞれ15cmほど残しておき、袋を織りあげたら、きほんの織り方と同じように始末する。

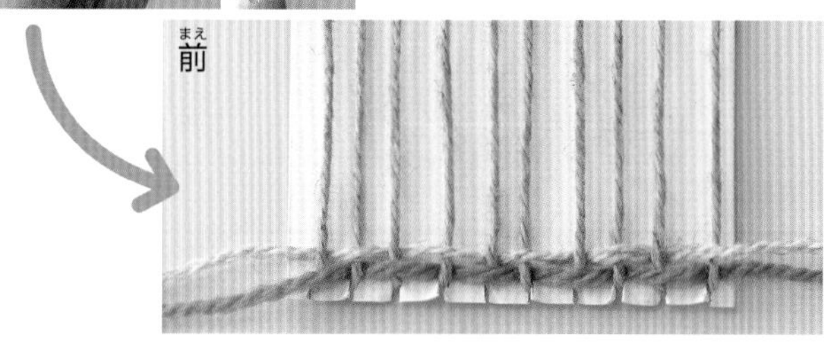

❹ 後ろも同じように織る。

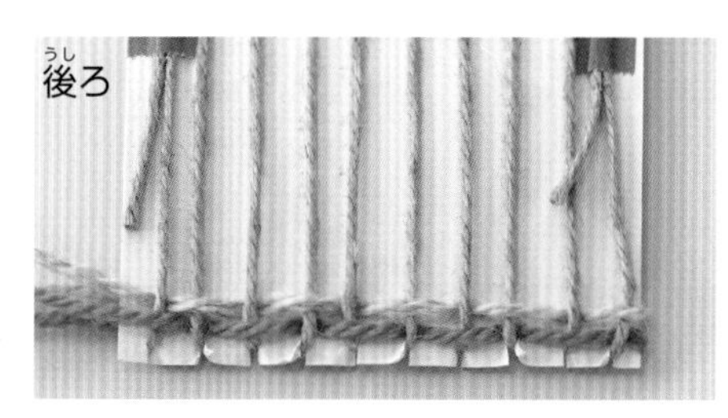

❺ ①〜④を計3回織り、6段織る。

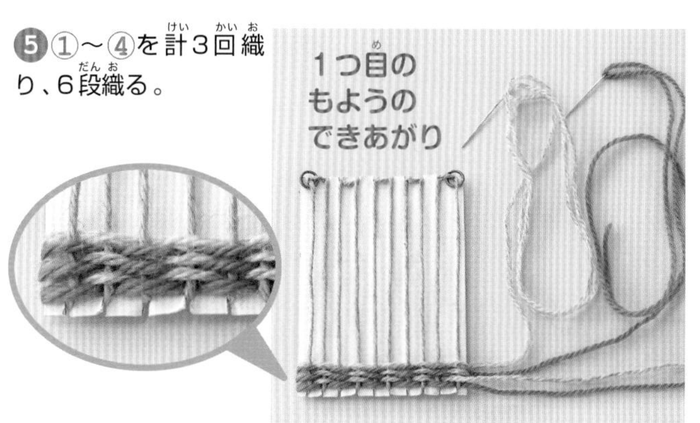

2 2つ目のもようを織る

❶ よこ糸（青）を、1つ目のもようの最後の段（グレー）と同じたて糸をすくって糸を通す。

❷ 1つ目のもようと同じように、よこ糸2色を交互に通し、前・後ろを続けて、計6段織る。

❸ ①・②をくり返して、上まで織る。

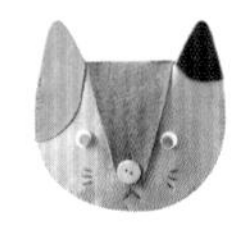  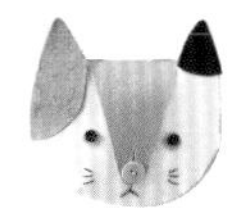      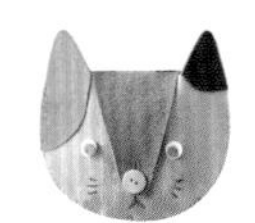

PROFILE プロフィール

C·R·Kdesign シーアールケイデザイン

グラフィック＆クラフトデザイナー：北谷千顕・江本薫・今村クマ・遠藤安子・すずきくみ子・吉植のり子・小泉貴子・大竹和恵によるデザインユニット。自由な発想の手づくりアイデアは無限大。企画、作品制作、ブックデザイン、編集、コーディネートまで幅広く活動中！　著書に「ビーズの縁飾り Vol.1 ～ 3」「ビーズがかわいい刺繍ステッチ 1・2」（共にグラフィック社）、「ビーズを編み込むすてきアクセサリー 1・2」「ビーズを楽しむオヤのアクセサリー」（高橋書店）など。海外版も多数。
手芸の展示会やワークショップを開催し、手づくりの楽しみを伝える活動もしている。
http://www.crk-design.com/
ブログ http://crkdesign.blog61.fc2.com/
YouTubeチャンネル crk design for kids

STAFF スタッフ

作品デザイン＆作品制作：C・R・Kdesign
（遠藤安子　すずきくみ子　小泉貴子　大竹和恵　今村クマ）
撮影：大滝吉春（studio seek）
スタイリング：C・R・Kdesign
モデル：Sumire Samantha Murai Jones
ヘアメイク：高橋友美絵
HOW TO 編集＆イラスト：
今村クマ　大橋和枝　梶山智子
ディレクション＆ブックデザイン：C・R・Kdesign

道具＆素材協力
クロバー株式会社　http://www.clover.co.jp/
オリムパス製絲株式会社　http://www.olympus-thread.com
サンフェルト株式会社　http://www.sunfelt.co.jp/
落ち葉とドングリ：ゆうひ / PIXTA

※本書は『ミシンなしでかんたん! 季節の手芸 秋』（2017年/理論社）を再編集したものです。

著　者　C・R・Kdesign
発行者　内田克幸
編　集　大嶋奈穂
発行所　株式会社　理論社
〒101-0062　東京都千代田区神田駿河台 2-5
電話　営業 03-6264-8890
編集 03-6264-8891
URL　https://www.rironsha.com
2020 年 8 月初版
2020 年 8 月第 1 刷発行
印刷・製本　図書印刷

ISBN978-4-652-20385-9　NDC594　A4 変型判　27cm　47p